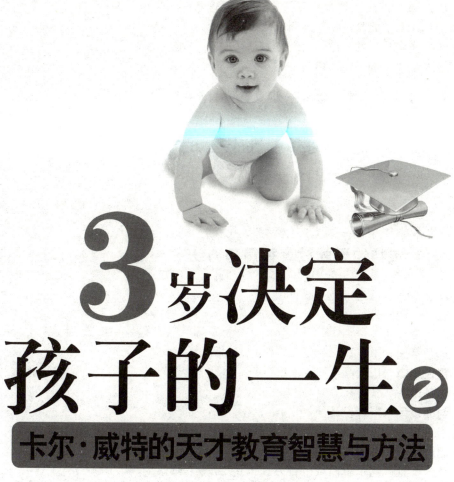

3岁决定孩子的一生之

卡尔·威特的天才教育智慧与方法

〔德〕卡尔·威特/著   云晓/编译

朝華出版社

图书在版编目（CIP）数据

卡尔·威特的天才教育智慧与方法 / (德) 威特（Witte,K.）著；
云晓编译.—北京：朝华出版社,2014.1
(3 岁决定孩子的一生：启智珍藏版；2)
ISBN 978-7-5054-3633-6

Ⅰ.①卡… Ⅱ.①威… ②云… Ⅲ.①儿童教育–家
庭教育 Ⅳ.①G78

中国版本图书馆 CIP 数据核字（2013）第 315744 号

3岁决定孩子的一生② （启智珍藏版）

卡尔·威特的天才教育智慧与方法

作　　者　〔德〕卡尔·威特
编　　译　云　晓

选题策划　王　磊
责任编辑　田玉晶
责任印制　张文东
封面设计　荆棘设计

出版发行　朝华出版社
社　　址　北京市西城区百万庄大街 24 号　邮政编码　100037
订购电话　(010)68413840　68996050
传　　真　(010)88415258（发行部）
联系版权　j-yn@163.com
网　　址　www.blossompress.com.cn
印　　刷　三河市三佳印刷装订有限公司
经　　销　全国新华书店
开　　本　787mm×1092mm　1/16　　　　字　　数　200 千字
印　　张　17
版　　次　2014 年 3 月第 1 版　2017 年 2 月第 2 次印刷
装　　别　平
书　　号　ISBN 978-7-5054-3633-6
定　　价　29.80 元

前言

为什么说"3 岁决定孩子一生"？

古语云：玉不琢，不成器。

同理，子不教，不成材。

那作为父母，我们应该从什么时候开始教育孩子呢？

俄国著名生理学家巴甫洛夫说："在孩子出生后的第三天开始教育，你就迟了两天。"

相信父母们都听过这样一句俗话："3 岁看大，7 岁看老。"这句话并非空谈，科学研究显示，一个孩子在 3 岁之前（包括 3 岁左右）所受的教育，会影响到他未来的学习、事业、婚姻、家庭等方方面面，即 3 岁决定孩子的一生。因此，父母们只有把握好 3 岁——孩子教育的黄金期，才能把孩子培养成健康、优秀的人才。

● "3 岁看大"的科学依据——3 岁，决定孩子一生的性格

所谓"3 岁看大"，指的是从 3 岁孩子的心理特点、言行举止，就可以预测出他们成年后的性格。

3 岁在孩子的一生中真的会起到如此重大的作用吗？

对此，伦敦精神病学研究所的卡斯比教授曾做了一项长达 23

年的实验，实验结果有力地证明了"3 岁看大"这一说法，并在当时的教育界引起了世界范围的轰动。

实验是这样的：1980 年，卡斯比教授连同伦敦国王学院的精神病专家对 1000 名 3 岁幼儿的性格进行了分析，并将他们的性格总结为 5 种类型：充满自信型、良好适应型、沉默寡言型、自我约束型和坐立不安型。

2003 年，当年那些 3 岁的孩子都已经 26 岁了，卡斯比教授再次找到他们，分别对他们的性格进行了观察分析，结果发现：

"充满自信型"——小时候他们活泼、热心，性格外向，成年后他们依然开朗，更难得的是，他们中的大多数还坚强、果断，成为了某个小群体的"领导人"。

"良好适应型"——小时候他们自信、自制力强，自己能够很好地解决问题，长大后，他们的性格依然如此。

"沉默寡言型"——当年他们或胆小，或害羞，或不善表达，成年后，他们仍然不愿向别人敞开心扉，他们或多或少在人际交往中存在一定的困难，轻易不敢尝试那些有挑战性的事情，属于地地道道的"默默无闻类"人群。

"坐立不安型"——这种类型的孩子注意力特别容易分散，而且行为消极，长大后，他们极易发火或烦躁。周围人对他们的评价多是：心胸狭窄、脾气暴躁、不好相处，做事易走极端。

"自我约束型"——这类孩子从小就能很好地控制自己的欲望，管住自己的行为，长大后依然如此。

3 岁时的性格竟然与成年后的性格如此出人意料地一致，这一结果让卡斯比教授非常震惊，但与此同时，他也更加坚信了对"3 岁看老"这一结论的认同。后来，卡斯比教授在他的研究报告中指出，别以为 3 岁之前的孩子小，什么都不懂，事实上，他们的大脑像海绵一样从周围环境中吸收着成长的营养。也就是说，3 岁之前是孩子性格及能力培养的关键期，这一阶段的孩子处在什么样的成长环境中，接受什么样的教育，就会形成什么样的性格。周围人是暴躁的、愁眉苦脸的，他就会是抓狂的、悲观的；周围人是开心的、积极向上的，他就会是乐观的、进取的。

这就如同老卡尔·威特所打的一个比喻：人如同瓷器一样，小时候就形成了他一生的雏形。幼儿时期所受的教育就好比制造瓷器的黏土，给予什么样的教育就会形成什么样的雏形。

所以，父母一定要抓住孩子3岁之前这个关键期，给孩子一个好性格，给孩子一个好未来！

◉ 3岁前，孩子大脑潜能开发的关键期

在教育界存在着这样一个法则——"儿童潜能递减法则"，即：随着年龄的增长，儿童身上可供开发的潜能是呈递减趋势的。

针对这一法则，某教育学家曾举了这样一个例子：一个生来具备100度潜在能力的儿童，如果从他一出生就对他进行理想的教育，那么他就可能成为一个具备100度能力的成人。如果从2岁开始教育，即便教育得非常出色，那他也只能成为具备80度能力的成人。而如果从4岁开始教育的话，即使教育得再好，他也只能发挥出60度的能力。也就是说，教育开始得越晚，孩子的潜能开发就越不完善。

近期，脑科学和生命科学的最新研究又为这一法则提供了有力的证据。研究表明：3岁之前是一个人大脑发育的重要时期。一个人出生时脑重只有370克；第一年年末时，婴儿脑重就已经接近成人脑重的60%；第二年年末时，婴儿脑重约为出生时的3倍，约为成人脑重的75%；到3岁时，婴儿脑重已接近成人脑重的范围，以后发育速度就变慢了。

虽然大脑发育速度变慢并不意味着大脑发育完全停止，但3岁之后的孩童大脑就如同计算机一样——硬盘的容量以及格式几乎

已经定型，剩下的就只等待编程了。

所以，开发孩子的潜能一定要抓住 3 岁前（包括 3 岁左右）这个黄金关键期，越早开始，孩子的潜能开发就越充分。

那么，对于那些年龄尚小的幼儿，父母该如何开发他们的潜能呢？

其实，这一年龄段的孩子大脑潜能开发有一个非常重要的前提，那就是——必须处在充满安全感的成长环境之中。

举个简单的例子：有两个幼儿，一个终日生活在争吵、烦闷的成长环境中；一个则在开心、快乐的环境中生活。这两个孩子长大后，哪个智力更高？

当然是后者。

因为幼儿期的生活经历会极大地影响他们的大脑发育，即大脑神经细胞之间的联系。终日生活在争吵、紧张的环境中，孩子处理问题的能力就会变弱，而且不易控制自己的情感。而生活在开心、快乐环境中的孩子，他们更愿意与周围人交流，与人相处及处理问题的能力也相对较强一些。

● 3 岁前，孩子一生不可错过的学习关键期

相信父母们在生活中都有这样的经验：

因为从小没有学过音乐，很多孩子终其一生五音不全；

因为小时候没有学过舞蹈，孩子长大后再想学，却发现身体过分僵硬，进而失去了学舞蹈的资格；

因为从小没学过美术，很多孩子对美的事物欠缺深入的感受；

……

这是为什么呢？

因为这些孩子错过了人生最珍贵的学习关键期。上述事实告诉我们，如果错过学习能力发展的关键期，也许就会造成孩子一生都不能弥补的遗憾。

所谓"关键期"，是指最易学会和掌握某种知识技能、行为动作的特定年龄时期。在教育界，也有专家把它称为"敏感期"。在关键期对孩子进行及时的教育，孩子学起来容易，学得也快，能够收到事半功倍的效果，但如果错过关键期再去学，就要花费很多的精力和时间，事倍功半。

意大利著名的女教育家蒙台梭利在长期与儿童的相处中，发现儿童学习的关键期主要集中于 0～6 岁这一年龄段，其中 0～3 岁这一年龄段最为集中。

◇ 出生后 6 个月是婴儿视觉、听觉发展的关键期，同时也是学习咀嚼和吃干食物的关键期；

◇ 1～2 岁是肌肉协调能力发展以及学习走路的关键期；

◇ 2～3 岁是数数能力以及建立数学思维的关键期；

◇ 2～3 岁是学习语言的关键期，同时也是建立时间和空间感的关键期；

◇ 2.5～3.5 岁是培养孩子规则意识的关键期；

◇ 3 岁左右是培养孩子动手能力以及独立生活能力的关键期。

另外，在医学界有这样一种奇怪的现象：先天性白内障失明的患儿，如果超过 5 岁做手术，虽然可获得视力，却不会辨认东西。这是因为眼睛看到东西后，视觉信息虽进入大脑，但大脑已失去将信息变成图像的能力。

这个医学事实再次证明，0～3 岁是孩子学习能力发展的关键期，在这一阶段，如果父母不及时开发或培养孩子的某项能力，孩子的潜能也许就会永远被埋没。

所以，父母在对孩子进行早期教育时，一定要抓住 3 岁前这个不可错过的学习关键期。

● 3 岁前，孩子规则意识建立的关键期

有的孩子很小就懂得玩滑梯要排队，有的孩子却"唯我独

尊"，事事都由着自己的性子来；

有的孩子动不动就用暴力解决问题，而有的孩子却明白用规矩和法律约束自己的行为；

有的孩子看到新款的玩具就向父母提要求，有的孩子却懂得：我已经有玩具了，不能再买了。

……

有些孩子严格按照规则做事，而有些孩子却总做些违反规则的事情，这是为什么呢？

研究表明，这与孩子从小建立的规则意识有关。

对此，卡斯比教授表示：在0~3岁，父母的期望、行为和一些生活标准会被孩子内化为自己的期望和规则系统。也就是说，此时父母是否有意识地向孩子灌输规则意识，将在很大程度上决定孩子一生对规则的认识。

对于孩子的一生来说，3岁的确是个特殊的阶段，此时他们的思维发展进入了巩固、稳定时期，他们开始懂事、听话了。但伴随着自我意识的觉醒，他们也开始进入了人生中的第一个"叛逆期"，不停地说"不"，不停地挑战父母的底线。而此时父母对孩子的态度，将会决定他成为什么样的人。

溺爱孩子、纵容孩子，孩子就会为所欲为，长大后就会成为一个藐视规则、无视法律的人！

坚持原则、引导孩子，孩子就会形成规则意识，长大后就会成为一个懂规则、有理智的人！

没有规矩不成方圆。没有原则、不遵守规则的人是不会有多大出息的。所以，从3岁左右起，父母就要开始培养孩子的规则意识了。

◉ 3岁前，孩子情商培养的奠基期

所谓情商，即情绪商数，包括自我认识、情绪管理、自我激

励、了解他人和社会交往。在评价情商高低时，一般将其具体分为"自信心""爱心""独立性""竞争意识""乐观""诚实""交往合作""意志力""目标性"等9项。

科学研究表明：3岁前，是孩子大脑细胞最活跃的时期，也是孩子情感、情绪发育的关键时期。在这一时期，父母有意识地培养孩子的情商，不但有利于孩子形成完美的性格，而且也有助于为孩子未来的成功打下良好的基础。

现代心理学研究表明，一个人能否成功，80%在于情商，智商只占20%。

如果一个孩子从小性格孤僻、不易合作、自卑、脆弱、不能面对挫折、急躁、情绪不稳定，那么就算智商再高，他也很难取得成就；反之，情商高的孩子自信、积极、喜欢与人交往……这样的孩子无论走到哪里都是受欢迎的。

0～3岁是儿童性格、习惯、意志、品质形成和发展的第一关键期。把握好这段黄金时期，对孩子进行充分的情商教育，就能为孩子奠定积极健康的性格基础，从而达到事半功倍的效果！

美国心理学家曾对1500位2～3岁的孩子进行了长期的观察训练，对其中一部分孩子进行情商教育，而对另一部分孩子则任其自由发展。20年后，心理学家发现：凡是在3岁之前受过情商培养的孩子，在学习成绩、人际关系及未来工作表现和婚姻状况等方面，均优于未受过情商教育的孩子。

由此，心理学家得出这样一个结论：3岁前是孩子性格、习惯的萌芽期，同时也是对其进行情商教育的关键期。一个高情商的孩子一定是自信、乐观、不怕失败的，思维活跃并有创造力，具有获取成功和幸福的能力。而这些，才是真正能让孩子享用一生的财富！

综上所述，无论是从性格培养、大脑发育、智力开发、身心健康、情商培养，还是从习惯、品质的养成教育等方面来说，3 岁都是孩子一生中的关键时期，所以，父母一定要抓住这一黄金时期，给予孩子科学、适当的教育。

而这也正是我们这套"3 岁决定孩子的一生"丛书的写作原则和最终目的——为父母们提供最及时、最实用、最科学的早期教育指导！

本套丛书共分 3 册：

《3 岁决定孩子的一生 1（启智珍藏版）——蒙台梭利的早期教育智慧与方法》既阐述了蒙台梭利早期教育的理论，又详细地告诉父母们如何对孩子进行养成教育和潜能开发。

《3 岁决定孩子的一生 2（启智珍藏版）——卡尔·威特的天才教育智慧与方法》老卡尔·威特和小卡尔·威特都强烈认同，只要教育得当，再平凡的孩子也能变成天才。而本书就是详细地指导家长如何运用卡尔·威特的天才教育法。

《3 岁决定孩子的一生 3（启智珍藏版）——捕捉孩子的敏感期、关键期》人生不可能重新来过，孩子成长的敏感期一旦错过再也不会重来，本书将指导父母们在早期教育中发现并抓住孩子的敏感期，给孩子最及时、最科学的教育。

本套书以"3 岁决定孩子的一生"为指导思想，其中既有系统的科学理论阐述，又有详细的、取之即用的操作方法，是父母们进行早期教育最贴心、最实用的参考书。

最后，祝愿天下父母都能培养出聪明、健康、高情商的好孩子！

云　晓

Contents 目录

第三章 多管齐下，掌握正确教育孩子的方法

第四章 夸奖孩子的妙处及窍门

第八章　怎样培养儿子对事物的辨别能力

第九章　我如何教儿子玩和选择朋友

第十章　在培养儿子的善行上下功夫

第十一章　我如何培养孩子养成各种良好习惯

第十二章　教儿子具备良好的心理素质

第十三章　我教儿子与人相处

第十四章　比任何一个孩子都幸福

第 一 章

① 孩子的天生禀赋与后天教育

历经了满怀希望和担心的等待之后，我们的儿子终于诞生了。那时我已经 52 岁了，对于年过半百的我来说，儿子的出生真是一种无法言说的快乐。

为了表达我的喜悦之情，我给儿子取了一个具有纪念意义的名字——卡尔·威特。之所以用我本人的名字，是因为我已下定决心，要把他培养成优秀的人才。

然而，很多时候，现实总是事与愿违。我们的儿子卡尔生来并不是一个称心如意的婴儿，他有些痴呆，远没有我和妻子起初想象的那么聪明。

面对这样一个孩子，在伤心的同时，我产生了很大的压力。他能够成才吗？

我的妻子也不愿接受这个事实，不久前刚刚失去了一个孩子，没想到这个孩子还是那么让她失望。

在儿子出生的头几天里，我和妻子都陷入莫大的苦恼之中。

但是这种苦恼和忧伤并没有持续多久，因为我一直坚信，孩子的天赋并不是很重要，后天的教育才是促使他成才的决定性因素。

短暂的悲伤之后，我和妻子便开始全力投入到对儿子的培养之中。

在此期间，很多邻居和友人劝慰我不要太伤心，当然，也有人借此对我的教育观点提出质疑。

例如，有人说："卡尔·威特牧师，您说孩子的才能在于后天培养，不在于天生禀赋。现在，您的儿子在天赋上明显不足，你有把握让他成为优秀的人吗？"

每当遇到这样的问题，我总是毫不犹豫地回答："我有把握，我一定能使卡尔成为优秀的人才。"

虽然当时我也不知道卡尔将来会成为怎样的人，但作为父亲，我有决心将我的教育观念以及我的爱心完全实施在卡尔身上。这一切绝不会白费，对此我深信不疑。

法国著名哲学家、教育学家爱尔维修曾经说过："人刚生下来时都一样，仅仅由于环境，特别是幼小时期所处的环境不同，有的人可能成为天才或英才，有的人则变成了凡夫俗子甚至蠢材。即使是普通的孩子，只要教育得法，也会成为不平凡的人。"

虽然提倡"后天成才说"，但我并不否认天生禀赋，相反，我还承认天生禀赋的作用。孩子的天赋是千差万别的，有的孩子高一点，有的孩子低一点，但天生的"天才"和"笨蛋"很少有，大多数孩子的天赋是差不多的。

我常常给大家举这样一个例子：

如果我们让天生禀赋为100的聪明孩子与天生禀赋只有10的低能儿接受同样的教育，那么结果肯定是：聪明的孩子更易成为优秀的人才。

可是今天的孩子大都接受的是非常不完全的教育，所以他们的禀赋连一半也没发挥出来。

因此，作为父母，如果能实施可以发挥孩子禀赋的有效教育，即使生下来禀赋只有50的普通孩子，也会优于生下来禀赋为80的孩子。当然，如果对生下来就具备80禀赋的孩子施以同样的教育，那么前者肯定是赶不上后者的。不过我们不要悲观，因为生下来就具备高禀赋的孩子是不多的，大多数孩子的禀赋约在50左右。

② 天才的失败来自父母的极度催逼

如果一个孩子一生下来就具备高禀赋，父母再对其施以高效的教育，那这个孩子的未来是不可估量的。但可惜的是，大多数父母对孩子的教育常常是失败的，因为父母总是对孩子过分挑剔、要求太高，最终引起了孩子的逆反、压抑与怨恨。

因父母施加的压力过大而半途而废的天才不在少数，大多数父母常常会自觉不自觉地给孩子施加压力。

卡尔出生之后的第三天，格拉彼茨牧师来到了我家。在发现小卡尔并不是一个机灵的孩子之后，格拉彼茨牧师为我们担心起来，"威特先生，我真为您担心，担心您无法将这个孩子教育成优秀的孩子。"

"是的，小卡尔的确不太聪明，但我并不认为这是决定性因素。"我回答。

"当然，先天不聪明并不意味着他永远不聪明。不过，这样一来，您必须付出加倍的努力。"格拉彼茨牧师鼓励我说。

我默默地点了点头，表示同意他的说法。

"我不妨给你出一个主意，"格拉彼茨牧师继续说道，"既然孩子不太聪明，那您就要比别的父母更加努力。我的意思是从现在起，您和您的妻子，包括您的儿子都要准备做出很大的牺牲。"

"牺牲？"我非常不理解。

"既然您的孩子先天不太聪明，那您就应该让他受到比其他孩子更严格的训练，甚至是残酷的训练。这样虽然会牺牲他享受美好童年的权利，但至少可以让他成才呀！至于您和您的妻子，更应该为此牺牲了，比如牺牲更多的时间、牺牲两人在一起的温馨浪漫时刻。"格拉彼茨牧师认真地说。

听完格拉彼茨牧师的话，我立即否定了他的观点，"格拉彼茨牧师，这种牺牲是没有意义的，难道还有什么比让孩子幸福生活更重要的事吗？"

"难道孩子的前途不重要吗？"格拉彼茨牧师问道。

"孩子的前途当然重要，可是不要忘了，你的这种观点根本不可能使孩子健康成长。相反，它只会使孩子既不能享受到童年的幸福，也不能学到他所必需的一切知识。要知道，任何的催逼和急功近利的做法只能带来一种结果，那就是毁了孩子。"我肯定地说。

现实生活中的很多事实早已证明，父母的急功近利只会扼杀孩子的天赋。

在我周围，同样也有一个叫卡尔的孩子，他的学业天赋极高，但因为父亲不停地催逼他，一心想使他过早地功成名就，致使他半途而废了。

卡尔的父亲亲自教儿子高等数学，强迫他醒着的每一分钟都得学习。他反对孩子参与一切与学业无关的活动和游戏，在他眼中，就连孩子对大自然的探索也无足轻重。

卡尔8岁时父亲就让他上大学水平的数学课程，9岁时他就在学习微积分并尝试写剧本了。他不断跳级，仅用3年时间就修完大学课程，11岁大学毕业。他主修数学，大学的教授们预言卡尔会成为一名世界级数学家。

然而突然有一天，这个孩子的辉煌瞬间转为暗淡。卡尔上研究生一年后，突然对数学完全失去兴趣，随即转入法律学院，但很快他又对此失去了兴趣。最后他从事了办事员工作，因为这份工作既不用思考，也不用担责任。

即使天生禀赋极高的孩子，父母对其实施正确的教育也是极为重要的。如果实施了错误的教育法，即使孩子的禀赋再高，也绝不会成为天才。

③ 越早教育，效果越显著

催促强迫孩子、拔苗助长式的教育是一种极端的教育方式。同样，听任孩子自然发展、放养的教育方式也是一种极端的教育方式。

我认为，培养孩子父母需要有足够的耐心，更需要有足够的智慧。特别是对于我这个不幸的父亲来说，因为我面对的是一个天赋并不高，甚至还低于正常人的孩子。

我妻子的母亲，一个善良的女人曾这样劝我："威特，既然小卡尔天生不那么聪明，你也就用不着为此而烦恼。让他顺其自然地发展吧！千万不要因为你曾在别人面前夸口而烦恼。其实，能不能把孩子教育成一个优秀的人并不重要，只要你们家庭幸福就足够了。"

这个善良的女人苦苦劝我是为我好，我知道。对于她的良苦用心和安慰，我感激不已。

然而，对于小卡尔的教育，我并没有别人想象的那么悲观。虽然小卡尔的智力不那么令人满意，但对他的将来，我始终充满信心。

因为我始终相信，婴幼儿时期的教育足以克服那些所谓的天赋不足，我坚信合理的教育能够改变一切。

一个人的品质如何，很大程度上取决于其幼年时期所受的教育如何。

人如同瓷器一样，小时候就形成了一生的雏形。幼儿时期就好比制造瓷器的黏土，给予什么样的教育就会形成什么样的雏形。

　　所以，对孩子的教育必须尽早开始，开始得越早，取得的效果就越显著，孩子越有可能成为接近完美的人。

　　我坚信，只要能够尽早地教育小卡尔，就一定能够战胜所有的困难，并最终获得教育的成功。

④ 早期教育能造就天才

我的教育理论的核心是：对儿童的教育必须与儿童的智力萌发同时开始（可以大概理解为越早越好）。然而，在我周围，大部分人深信不疑的教育思想却是：儿童的教育应当开始于七八岁。对于我的教育观点，很多父母甚至感到十分恐惧，他们认为，早期教育有损于儿童的健康。

但小卡尔后来的表现却证明：我的教育观念不但不会有损孩子的健康，还能更充分地开发孩子的潜能。

然而，面对优秀的小卡尔，很多人又这样反驳：这个孩子天生就聪明，所以他现在才会这样出色。

对此，我几乎是无语了。卡尔出生时是怎样一个婴儿，我在前面已经介绍过一些。现在我还想向诸位描述一下他出生时的某些细节。我想，只有这样才能使大家有一个准确的印象，以此来证明他并不是天生的天才。

卡尔是个早产儿，他还未得到母亲子宫足够的孕育便突然来到了这个世界，早产了足足一个月。

出生时，这个可怜的小家伙被脐带缠住了脖子，差点儿窒息而死。幸亏医生及时抢救，他才奇迹般地活了下来。但在此之后，他仍然四肢抽搐，呼吸困难。

当时，医生说了一句令人伤心的话，但那却是当时的事实，"这个孩子可以活下来，但明显先天不足，他的大脑看起来发育不健全。他未来的生活恐怕会比现在更不幸。"

事实上，就像医生所说的那样，刚出生的那段日子，这个小家伙的情况非常糟糕。他不仅没有显示出任何天赋，而且连本能的反应都极为迟钝。他不能像其他婴儿那样主动地寻找母亲的乳头，只能靠母亲把奶挤出来一点儿一点儿地喂他。

为了让他不落后于同龄人，我决定仍然按原计划对他进行早期教育。我想，既然这孩子天生的禀赋不太好，那我就尽全力让他把天赋尽可能多地发挥出来，越多越好。

当然，要做到这一点，我对儿子的教育就必须与他智力的萌发同时开始。我坚信，早期教育可以造就天才。

那么，为什么早期教育能够造就天才呢？

要明白这个道理，就要从儿童的潜在能力谈起。根据生物学、生理学、心理学等学科的研究，人生来就具备一种特殊的能力。但这种能力是隐秘地潜藏在人体内，表面是看不出来的，我们称这种能力为潜在能力。

举个通俗易懂的例子来说，有一棵橡树，如果按照理想状态生长的话，可以长成30米高，那么我们就说这棵树具有能够长到30米高的可能性。同样的道理，一个儿童，如果按照理想状态成长，能够成长为一个具有100分能力的人，那么我们就说这个儿童具备100分的潜在能力。

每个儿童都可能成为具有100分能力的人

这种潜在能力就是天生禀赋。因此，并不是天才才具备天生禀赋，我们每个人身上都隐藏着天生禀赋。

可是，不管是大树还是孩子，要达到理想的成长状态，总是很不容易的。所以即使大树具备长成 30 米高的可能性，但要真长成 30 米高还是很困难的，一般可能是 12 米或者是 15 米左右。假若环境不好，则只能长到 6～9 米。不过，如果给它施肥等等，好好侍弄，则可以长到 18 米或者 21 米，甚至也可以长到 24 米或27 米。

同样的道理，即使是生来具备 100 分能力的儿童，如果完全放任不管，充其量也只能变为具备 20 分或者 30 分能力的成人。但是，如果教育得好，那么就可能达到具备 60 分或者 70 分，乃至80 分或者 90 分能力的成人。

我的教育理想就是使儿童的潜在能力达到十成。只要充分发挥出这种潜在能力，我们便能做出不平凡的事业。遗憾的是，由于教育不得法，人们的这种潜在能力大都未能得到应有的发挥，这就是天才极少出现的主要原因。

如何造就更多的天才呢？最重要的就是及早挖掘、诱导孩子自由地发挥出这种潜在的能力——天赋。

⑤ 儿童潜能递减法则

　　需要父母们特别注意的是，儿童虽然具备潜在能力，但这种潜在能力是有着递减法则的。

　　何谓儿童潜能递减法则？

　　举个例子来说：一个生来具备100分潜在能力的儿童，如果从他一出生就对他进行理想的教育，那么他就可能成为一个具备100分能力的成人。如果从5岁开始教育，即便教育得非常出色，那他也只能成为具备80分能力的成人。而如果从10岁开始教育的话，教育得再好，他也只能发挥出60分的能力。也就是说，教育开始得越晚，孩子的潜能开发得就越不完善。

　　具体的原因是这样的：动物的潜在能力都有着各自的发展期，而且这种发展期是固定不变的。不管哪种动物，如果不让它在发展期发展某种能力的话，那么它的这种能力也许就永远不能再发展了。

　　例如，小鸡天生就有一种"追

儿童的潜能有着递减的法则

从母亲的能力"，它们的这种能力的发展期大约是在出生后 4 天之内，但如果在这期间不让它发展，那么这种能力就永远不会得到发展了。所以，如果我们把刚生下来的小鸡，在最初 4 天里不放在母鸡身边，那么它就永远不会跟随母亲了。又如，小鸡"辨别母亲声音的能力"的发展期大致在生后的 8 天之内，如果在这段时间里不让小鸡听到母亲的声音，那么这种能力也就枯死了。

我们人的能力也是这样，相信大家都听说过英国司各特伯爵的儿子的故事。

司各特伯爵夫妇带着他们刚出生不久的儿子出海旅行，不幸的是，行至非洲海岸时遇到大风暴，船被巨浪打翻，全船的人都遇难了，只有司各特伯爵一家幸存下来，他们带着儿子爬上了一个海岛。

那是一个无人的荒岛，岛上长满了热带丛林。没过多久，司各特伯爵夫妇便被疾病夺去了生命，只留下孤零零的小司各特。幸好一群大猩猩收养了小司各特，当时他只有几个月大，就跟着这些动物父母一起成长。

20 多年后，人们在那座岛上发现了小司各特，那时他已经是一位强壮的青年了。可惜的是，除了外貌和人一样，他身上没有一点儿人类的特征，他不会用两条腿走路，只会像大猩猩那样攀爬跳跃，在树枝间荡来荡去，也不会说人类的语言。

人们将小司各特带回英国，他引起了科学家们的极大兴趣。科学家们像教婴儿那样教导他，力求让他学会人的各种能力。10 年之后，小司各特终于学会了穿衣服，用双腿行走，但是，他始终也说不出一句连续的话来，要表达什么的时候，更习惯像大猩猩那样吼叫。

之所以出现这种情况，是因为小司各特错过了语言学习的最佳时期。人类语言能力的发达期是在幼儿时期，而小司各特被发现时已经 20 多岁了，所以，他这一生也不会具备流利说话的能力了。

以上的事例都说明，儿童的潜在能力是遵循着递减法则的。即使一个孩子天生有 100 分潜在能力，但如果父母放弃对他的教育，那到 5 岁时就会减少到 80 分，到 10 岁时就会减少到 60 分，到 15 岁时也许就只剩下 40 分了。

所以，我们教育孩子的第一要旨就是——杜绝这种递减，也就是说要让孩子尽早发挥其能力。

6 从儿子出生那天起就开始教育

那么，怎样才能杜绝孩子潜在能力的递减呢？当然是尽早教育。但是这个"尽早"又早到什么时候呢？我的经验是，教育必须从孩子出生那天起就开始进行。

这时，也许有人会问我："威特先生，您真的从孩子出生起就开始培养他了吗？"

对于这样的问题，我可以肯定地回答："是的。我的儿子卡尔一出生，我就开始对他进行教育了。"

我的儿子卡尔刚出生的那几天，我们全家人都处在一种苦恼和不安的氛围之中。这时，就连一直支持我的妻子也开始怀疑我了。

有一次，妻子悄悄地对我说："告诉我，为什么偏偏我们的儿子是个弱智儿？这不公平！"

我说："虽然我无法改变这个不幸的事实，但我会努力将他现有的潜能发挥到极点。卡尔现在看起来不如别的孩子聪明，但总有一天他会超过其他的孩子。因为即使是天生聪明的孩子，如果得不到正确的培养也不可能充分发挥其潜能，他终究也不会成才。我们的小卡尔虽然现在的起点很低，但如果得到了合理的教育，他的潜力一定会充分发挥出来。那时他不但会超过其他的孩子，还会成为全德国最优秀的人才。"

不仅仅是对我的妻子，对其他所有关心小卡尔的人，我都这样告诉他们我的观念，以及我的永不动摇的决心。

我为什么能够如此自信呢？因为我知道后天教育的力量有多巨大。

事实上，对于孩子来说，从出生到3岁之前，是个最为重要的时期。因为这一时期，孩子的大脑接受事物的方法和以后有很大的不同。

从出生到3岁之前，是孩子最为重要的时期

举一个很简单的例子，刚出生的婴儿不具备分辨人的面孔的能力，但到三四个月或五六个月后，他们就能分辨出母亲和别人的面孔了，知道"认生"了。但他的这种"辩认"，并不是像我们成人那样记住了某人的面部特征之后记住的，而是在反复的观察中，把母亲整个面孔印象原封不动地做了一个"模式"印进了大脑之中。

婴儿的这种识别能力，远远超过我们的想象。因此，**对3岁以前的婴儿，我们应该进行相当的"模式教育"**。因为婴儿对多次重复的事物不会厌烦，所以3岁以前也是"硬灌"时期。

3岁之前的孩子具有在一瞬间掌握整体的模式识别能力，这种能力是成人所不及的。此时他的大脑处于一张白纸状态，因此，可以说他具有一种不需要理解或领会的吸收能力。这时候，家长要把正确的模式经常地、生动地反复灌入幼儿的大脑中，否则他会毫无区别地吸收坏的东西。

就像古谚说的那样："3 岁看大，6 岁看老。"孩子到 3 岁时，就已形成了长大之后一些基本性格的质素。所以，3 岁前有可能决定孩子的一生。

作为父母，我们应该给 3 岁以前的孩子"硬灌"些什么呢？

大致是两方面的内容：**一方面是反复灌输语言、音乐、文字和图形等知识，奠定其智力基础；另一方面则是输入人生的基本准则和态度。**

总的来说，生下一个健壮的孩子，这只是父母亲走出的第一步，以后的路更长，事情更琐碎，责任更重大。因为，从孩子出生那天起，父母就必须担起教育的责任。

7 母亲的教育，决定孩子的一生

有人对我说，伟人的孩子一定会是伟人，至少也会有很大的成就。我并不认同这种观点，在我看来，很多伟人常常过于热衷于事业而无暇关注孩子，而他们的妻子也时常因为丈夫是伟人而无心教育孩子。

这样的孩子是很不幸的，要知道，母亲的教育对孩子来说是极为重要的，有时母亲的教育甚至可以决定孩子的一生。

卡尔能够取得很大的成就，首先应该感谢的是他的母亲。因为她不仅心地善良，而且具有丰富的知识。无论在儿子的教育方面还是在生活常识方面，她都堪称为一名合格的母亲。

有很多母亲雇人教育孩子，我认为这样的妇女是不合格的母亲，因为她们在推脱做母亲的责任。我认为，母亲的工作不能由旁人代替，孩子的教育必须由母亲承担。

有这样一对夫妇，他们年轻而充满活力。由于家庭条件极好，生下孩子后，他们把孩子委托给一位亲戚便去国外旅行了。但这位亲戚因为工作很忙，根本没有时间教育孩子，就把孩子交给了管家。

年轻的父母旅行了好几年，几乎走遍了全世界。他们走之前对别人说，趁着孩子小应该去外面多玩一玩，否则等孩子长大后要教育他就没有时间了。

然而，当他们从国外回来后，发生的事情却令他们目瞪口呆。孩子根本不认识他们，把他们当陌生人看待。这能怨孩子吗？因为这时孩子已经快5岁了。

晚上，当这对夫妇想让孩子和自己一起睡时，却遭到了孩子的拒绝。虽然他们的卧室美丽而舒适，可孩子却偏偏要睡在管家那间简陋的房里。

他们都是受过良好教育的人，但如今，他们的孩子却满嘴粗话，整天与一群捣蛋鬼混在一起，甚至还打架、干坏事、欺负更弱小的孩子。他们想让他读书识字，但孩子根本学不进去，一点儿也不服从他们的管教。

每当他们试图教育孩子时，孩子只会用陌生而冷漠的目光看着他们。

终于有一天，不应该发生的、令人心痛的一幕发生了。

那天，他们和孩子发生了激烈的争吵。

"你要知道，我们是你的亲生父母。"面对孩子的冷漠目光，年轻的父母终于忍无可忍了。

看到他们凶神恶煞般的模样，孩子转头跑出了房间，害怕地躲在了管家身后。于是，他们把怒火全都发泄在管家身上。

"你是怎么带孩子的？他怎么连亲生父母都不认识了？"父亲怒气冲冲地对着管家吼叫。

"哦，先生，我想……是因为你们很久不在一起的缘故吧……我想以后会好的。"可怜的女管家战战兢兢地为自己辩解。

"不许你们这样对玛格丽特太太（管家的名字）说话！"孩子一边躲在把自己带大的女管家怀中，一边怒视着自己的生身父母。

"我才是你的父亲，你知不知道？"

"可我从来没有见过你。"

"不管怎样，从今以后你要听我们的话，要接受良好的教育。从今天起，不许你再和玛格丽特太太一起睡，而要和我……"

"不！"孩子打断了父亲的话，"我喜欢和玛格丽特太太在一起。"

"那好，我今天就辞掉玛格丽特太太，看你怎么办。"父亲这时已经火冒三丈。玛格丽特太太含着眼泪离开了那个跟她相处了5年的孩子。

此后，这个孩子变得郁郁寡欢，经常在睡梦中呼唤玛格丽特太太的名字。到十几岁时，他已离家出走了好几次。

毫无疑问，出现这样的结果是必然的。

雇佣人来照料孩子没有错，但必须采取正确的方式。有条件的家庭可以把部分杂活儿交给女佣来做，但平时对孩子的管教和教育，母亲却不能放手，而且一定要承担起这份责任。

我们家也一直雇用女佣，但女佣只在妻子忙不过来的时候帮助她，至于孩子的陪伴、哺育、教育，妻子都是自己亲自去做。因此，孩子与我们之间的感情丝毫没有疏远。

有一位名人曾经说过：国民的命运掌握在母亲的手中。我非常欣赏这句话，但真正理解其涵义的父母却很少。很多不称职的母亲在无意之中把孩子引向了歧途自己却浑然不知，这是多么令人遗憾的一件事呀！

我希望天下的慈母都勇敢地承担起教育孩子这一光荣的职责。

第二章

早教，我抓住了儿子智力发展的最佳时期

① 不要孩子一哭就给他喂奶

为了尽早发挥孩子的能力，我们怎样对孩子进行教育呢？

很简单，在婴儿期，如果孩子感到了你的关心和爱抚，就说明你已经在教育他了。这种教育是细小而繁琐的：孩子渴了要给他喝水，饿了要给他喂奶，尿布湿了要马上更换……父母要以最敏锐的感觉去感知孩子的需要，随时随地解除他的不愉快。

能够成功感知孩子的需要，便是父母成功的第一步。这是父母和孩子建立起来的第一条成功的纽带，它会为今后你对孩子的教育和训练奠定良好的感情基础。

儿子出生后的前两周，我们坚持定时给他喂奶、喂水，使他的生物钟一开始就形成规律。直到他能吃饭后，我们仍然不允许他在两顿饭之间吃零食，以免他的胃不停地工作，进而致使血液老是在胃部工作，而不是集中在大脑。如果孩子身体的大部分能量总是用于消化，那么他的大脑往往会得不到很好的发展。

在我们的惯性思维中，总会认为孩子吃东西吃得越多越好，吃得越多越有益于健康。其实真实的情况并非如此。

有时，孩子吃得过多会阻碍大脑的发展，而且还会使孩子产生错误的观念：吃可以解决一切问题。因此，除了不提倡给孩子吃太多东西之外，我还要给父母们提一个建议：不要孩子一哭就给他喂奶或其他食物吃。

对于小婴儿来说，除了生病，他们最不能忍受的就是饥饿了。如果婴儿一饿就给他大量的食物，就会使他觉得吃东西、填饱肚子是排除难受之感的唯一途径。在他长大之后，他也会过分依赖"吃"或物质享受。

并不是孩子吃得越多越健康

当然，在这里，我不是想要父母对孩子所需的食物加以限制，而只是想提醒那些疼爱孩子的父母：**一切都要有个限度，包括吃东西。**

在一天，我看见妻子正在喂小卡尔牛奶，便不解地走过去问："卡尔不是刚吃过奶吗？"

"是的，但是我看他在哭，就想让他再喝点儿牛奶。"妻子说道。

"不，卡尔现在不饿，他不需要吃东西，至少现在不需要。"我从妻子手中夺过奶瓶。

到嘴的美味突然一下子又消失了，小卡尔比刚才哭得声音更大了。

妻子不高兴地质问我："你这是在干什么？"

这时，卡尔的外祖母也走过来批评我："你怎么能不让这个可怜的孩子喝牛奶呢？"

我解释道："我不是不让他喝牛奶，而是说他现在不饿，不需要喝。"

外祖母生气了，"你总说要把卡尔培养成才，可是不让他吃饭，他怎么能成才呢？你成天大谈教育，我看那些都是无用的空谈。"

对于外祖母的不理解，我当时并没有多解释什么。

事后，我仔细向妻子讲明了道理，告诉她疼爱孩子并非是一味地呵护他，一味地顺从他，给孩子过多的食物不利于他大脑的发展。

我的妻子是一个知书达理的人，明白了其中的道理之后，她再也不像之前那样无原则地顺从孩子了。

也许有人会说我的做法太冷酷了，但经过理性的思考，你就会发现我的做法是正确的。因为培养优秀的孩子正是要从生活中这些点点滴滴的细节做起。我们不应该忽视任何一点看起来微乎其微的东西。

② 不要束缚孩子身体的自由

　　等到小卡尔稍大一些时，人们见到他时常说："这孩子身体这么健康，不像天才。"人们之所以这么说，是因为他们的头脑中有一种"才子多病"的旧观念。这种旧观念是毫无根据的。然而，有句谚语"健全的精神寓于健全的身体"，却是有根据的。

　　卡尔的健康一再让人们惊异。其实，他之所以从一个弱小的早产儿成长为一个健康而强壮的孩子，是因为我从婴儿期就对他进行体能训练的结果。

　　具体来讲，我主要做到了以下几点：

（1）时刻让孩子保持愉快的心情

　　愉快是孩子健康的关键。为了时刻让儿子保持好心情，我把他周围的环境布置得特别好。周围的气氛阴郁，孩子必然会消化不良，身体不健康。因此，孩子居住的房间从最初起就应是令人心情愉快的。

孩子的房间从一开始就应是令人愉悦的

（2）不束缚孩子的身体自由

天气晴朗时，我和妻子会把儿子带到田野里，让他眺望绿色的原野。我们从不把他包起来，而是让他的身体能自由自在地活动；我们也不给他围围巾，以免把嘴和脸弄歪。天气好时经常让他在屋外睡觉，以便接受阳光沐浴，呼吸新鲜空气。当他在屋内睡觉时，我们也从不束缚他的手脚，让他自由活动，因为这种活动就是婴儿的运动。所以婴儿睡觉时，我们决不能像布娃娃那样把他裹得紧紧的。

我非常在意卡尔是否能自由自在地活动，因为这个问题有一次我还大发脾气呢！

那天我和妻子去教堂做弥撒。我们的女佣柯蒂太太在家看着小卡尔。柯蒂太太是个非常善良的女人，她照顾小卡尔也非常细心。

但那天我们从外面回来看到小卡尔时，简直气愤极了。因为小卡尔被严严实实地裹在被子里，满脸通红，正"哇哇"大哭着。

我急忙问："柯蒂太太，小卡尔生病了吗？"

柯蒂太太说："没有。今天天气这么冷，我害怕小卡尔着凉，所以不光把家里的炉火生得旺，还给他裹上厚厚的被子……"

我忍不住大声嚷嚷起来："你怎么能这样呢？"

柯蒂太太不解地问："我哪里做错了吗？"

我仍然很生气地说："你没看到吗？小卡尔很难受，他不喜欢身体被束缚成这样！"

说着，我帮小卡尔把那层厚厚的被子打开，让他自由地活动。

柯蒂太太焦急地说："这样小卡尔会着凉的。"

妻子也连忙阻止我："孩子会生病的。"

然而，我并没有听从她们的意见，仍然让小卡尔在床上自由自在地活动，只是又向壁炉里多加了一些柴火。

这时，小卡尔不再哭了，他显得非常高兴，非常满意。

世界上的每一位父母都疼爱自己的孩子，但懂得如何疼爱孩子的父母却不多。我知道柯蒂太太是一番好心，生怕小卡尔生病，但她的做法却完全错了。

因为一个健康的孩子需要的是自由而不是束缚，哪怕这种束缚看起来很舒适。

（3）经常让孩子做一些合适的运动

卡尔6周时，长得很大，像4个月的孩子，这与我们经常让他进行合适的运动有很大的关系。

其中有一种运动很简单，就是让他抓住我的手指。由于婴儿与生俱来"抓握反射"，握住我的手指，他就像吊单杠一样用力拉起自己的上身。两个月后，孩子的这种反射就会消失，但那时卡尔的胳膊已经练得相当有力了，这为他提前进行爬行训练创造了很好的条件。

喜欢洗澡是孩子的天性

（4）让孩子爱上洗澡

喜欢洗澡是孩子的天性，但如果水温过高或过低，孩子就不愿洗澡，所以，我一开始就注意调节水的温度。我和妻子每天都给儿子洗澡、按摩手脚，这样既能发展他的触觉，又能促进血液循环和四肢的灵活。

从儿子 1 岁时起，我就教他洗脸、洗手、刷牙。手一天要洗几次，早上起来和晚上睡觉之前都要刷牙。并且从小就教他用手绢擦鼻涕。

这样，经过营养和体能两方面的精心培育，卡尔从出生时体弱多病的婴儿长成了一个健康活泼的孩子。

③ 从小让孩子懂得，

乞求不能得到他人的尊重

　　所有的小孩都会莫名其妙地哇哇大哭。孩子一哭，大人们就会认为是孩子饿了或是生病了。其实，真实的情况并非如此。

　　成人都有得到别人重视的欲望，小孩子也不例外，即便是刚出生不久的婴儿，也会有这种本能欲望。

　　生活中，有人通过自己的努力赢得了别人的尊重，这样的人也应该获得尊重。但也有许多人由于急切地想得到别人的重视，而采取乞求施舍的态度，这种做法不仅得不到别人的尊重，而且会引起他人的反感。孩子有时也会表现出这种愚蠢的行为。

　　有一天，在摇篮里玩耍的小卡尔莫名其妙地大哭起来。

　　妻子想去安慰他，却被我叫住了："卡尔刚才吃东西了吗？"

　　"吃了，刚才喂过的。"妻子回答道。

　　"这几天他有不舒服的时候吗？"我问。

　　"没有！"妻子回答。

　　"那就不要理他。"我说。

　　"小孩子总是要哭的，我去哄哄他就好了。"妻子说。

　　我又制止了妻子："那你知道他为什么哭吗？"

　　"可能是因为他想我了吧！"妻子说。

　　"你说得对，他是想你了，但他哭的主要目的是提醒我们不要忽略他。"我向妻子解释道。

　　在我的劝说下，妻子听从了我的建议，没去看卡尔。但出乎她意料的是，不久之后，小卡尔竟然停止了哭泣。

过了一会儿，当我和妻子偷偷再看他的时候，小卡尔正一个人躺在摇篮中高兴地玩耍着呢。

我之所以阻止妻子去安慰小卡尔，是因为我想让他懂得，想得到别人的重视，靠啼哭和哀求是做不到的。更重要的是，我想让他具备这样一种能力——在得不到别人重视的时候自己也应该为自己找到快乐。

虽然婴儿期的卡尔不会明白这些道理，但我想，他在长大的过程中一定能够感觉得到。

④ 从训练孩子的五官开始

在婴儿时期，如果孩子的一切能力得不到利用和开发，那也许便永远得不到开发了，因为孩子每种能力的发展都是有最佳时期的。

开发儿子的能力，我是从训练他的五官（耳、目、口、鼻、皮肤）、刺激他的大脑发育开始的。听觉、视觉、味觉、嗅觉、触觉，是人类感知外部世界的生理基础。充分刺激孩子的感觉器官，能够促使孩子大脑的各部分积极活动。

如果孩子大脑的各个功能区域都能充分发挥最大效能，那孩子就能成长为一个聪明优秀的人。

我是这样开发小卡尔的五官能力的。

（1）听觉训练——唱歌、读诗给他听

在五官中，首先要发展耳朵的听力，因为婴儿的听力比视力发展得要早。训练听力时，母亲的悦耳歌声极其重要。在这方面

开发宝宝的五官能力首先要发展耳朵的听力

我的儿子很幸运，他的母亲拥有很美的嗓音。他还没出生的时候，他的母亲就经常唱美妙的民歌给他听。我虽然不会唱歌，但却经常给他朗诵诗歌。

在此我要强调，让儿子背诗绝不是强制性地硬灌，而是让他顺其自然地学会。想让孩子顺其自然地学，有这样一个前提，那就是——让孩子喜欢上诗歌。一旦孩子喜欢上它，就会自发地重复，这时，不用你提醒，他也能背熟。

为了使儿子形成音乐的观念，我还为儿子买来能发出乐谱上七个音的小钟，分别拴上红、橙、黄色等彩带。在儿子吃奶之前，我会把这些钟敲给他听。这样做，不仅可以锻炼儿子的听力和视觉，还能帮他形成音乐的概念呢！

（2） 视觉训练——用五颜六色的色彩吸引他的注意力

有效地训练眼睛，也是开发孩子智力的重要一步。儿子两三个月大时，我用彩色的布头给他制作了一些五颜六色、鲜艳夺目的小猫、小狗、小鹿。我把它们都摆放在儿子床头，时常移动它们来刺激他的视觉。

开发儿子的视力，我还有一个方法——用三棱镜在墙壁上映出彩虹让他看。儿子非常喜爱那些五颜六色的彩虹，看到彩虹，他甚至会忘记哭泣。

（3） 味觉训练——坚持吃清淡的食物

在味觉方面，除了给儿子各种味道的刺激之外，我们还始终坚持吃清淡的食物，毕竟太多的盐和糖对身体没有好处。这样既可以保持他的感觉灵敏度，又可以避免他养成多吃糖和盐的坏习惯。

（4） 运动训练——从爬行开始

满月之后，儿子已经能够在床上抬起头来了，那时我就开始着手对他进行爬行训练。我用手推着他的脚丫，帮助他慢慢地向前爬。

爬行是最适合宝宝的活动姿势

父母一定要让孩子尽早学会爬，因为爬行是最适合婴儿的活动姿势。爬时能促使婴儿颈部肌肉发育快，使他可以自由地看周围的东西，增加受到各种刺激的机会，进而促进其大脑发育，使之变聪明。

（5）观察力训练——在图画和游戏中培养孩子的观察力

当孩子具备一定的视觉之后，父母就可以培养孩子的观察能力了。

我培养儿子的观察能力常用两个方法：一是通过丰富多彩的色彩来培养孩子的观察能力。从儿子小时候起，我就抱着儿子识别屋中五颜六色的物品，如桌子、椅子等，并把这些物品的名称念给他听。

二是用绘画作品培养他的观察力。图画是最能开发孩子智力的教具了。在图画中成长起来的孩子是幸福的。我稍微懂一点儿绘画，所以我常常拿一些漂亮的花鸟虫鱼画给儿子看，并把画中的内容讲给他听。小卡尔总是能安静地听着，也许他听不懂我在讲什么，但至少他对画中的色彩产生了兴趣。

此外，我还经常把同儿子谈话的内容绘成图画，用这种方法增长儿子的智慧。

（6）对色彩的感觉——与孩子玩"颜色竞赛"游戏

如果父母不从孩子小时候就发展其色彩感觉，那孩子长大后对色彩的感觉就会非常迟钝。为了让儿子对色彩敏感，我给他买了很多五颜六色的美丽的小球和木片，以及穿着色彩鲜艳服装的布娃娃，并经常用它们跟他做游戏。

在所有的游戏之中，有一种叫作"颜色竞赛"的游戏对他非常有效。

所谓"颜色竞赛"，就是用不同颜色的蜡笔在纸上画线。具体的做法是这样的：准备一张大纸，我先用红色的蜡笔在纸上画一条线，然后，儿子也用同颜色的蜡笔画一条同等长度的平行线。接着，在刚才我画的红线之后，我又用绿颜色的蜡笔画一条长度相同的线，而儿子也要用绿颜色的蜡笔接着他刚才的线画下去。就这样一直画，直到儿子选择的蜡笔颜色与我不同时，儿子就输了，游戏就结束了。

为了发展卡尔对色彩的感觉，他一学会走路，我就经常带他去散步。散步时，我有意让他观察天空、树木、花朵、原野、建筑物和人们服装的不同颜色，事实证明，这个方法也是非常有效的。

（7）记忆力训练——与孩子玩"留看"的游戏

记忆力对孩子智力的开发意义重大。为了提高卡尔的注意力，与他一起外出时，我经常与他玩一种叫作"留看"的游戏。这个游戏是这样玩的：

与儿子走在街上，每当路过一家商店，我都会问儿子："刚才那家商店叫什么名字？它里面都卖一些什么东西？你能列举一下吗？"

就这样，我问儿子答。如果他列举的物品很多，我就表扬；相反，如果他观察不仔细，一件物品也没列举出来，我就会小小地批评他一下。

这一游戏对发展孩子的记忆力也十分有效。由于坚持这样的训练，儿子还只有两岁时就表现出了惊人的记忆力。一次我带他去卖雕刻仿制品的商店，他在店里看了一圈，问店员："你这里怎么没有《维纽斯·得·未罗》和《维纽斯·得·麦得衣齐》？"店员诧异得很，没想到这个孩子年龄如此小，竟然知道那两幅名画。

（8）潜能开发——释放孩子的手

唤醒孩子手的功能对于培养孩子的各种能力都有着重要的意义。

唤醒孩子手的能力有着重要的意义

婴儿出生后，要花很长时间才能认识自己的手。要想尽早让孩子的手发挥功能，家长要有意识地帮孩子发现自己的手。

我和妻子经常帮儿子活动手指，还经常拿着他的手去抚摸东西。不仅如此，只要儿子的小手张着，我们就赶紧往他的手里放点儿东西。

我还经常引导孩子观察我的手，以便让他更多地了解手的作用。例如，我常拿着摇铃在他面前晃，每当那时，儿子也会向我挥舞胳膊。当儿子八九个月大的时候，我拿着蜡笔在儿子面前画画，同时也递给他一张纸一支蜡笔，儿子也学着我的样子画。我并不是在教儿子画画，只是通过这种方式在告诉他手的作用。

小孩子跟我们大人一样，手里一直有事做才会开心。相反，如果这时父母什么都不教他们，他们便会去吃手指头，因无聊而沮丧，甚至会哭泣。

⑤ 从儿子 15 天大就开始向他灌输词汇

早期教育开发儿童的智力有一个关键，那就是——要抓住最佳期。

3 岁之前是开发孩子语言能力的最佳期，父母在这一时期及时教孩子掌握语言非常重要。语言是我们进行思维的工具，也是传授知识的工具，不懂语言，我们根本不可能获得知识。因此，如果在 6 岁之前一个孩子就准确地掌握了语言，那么这个孩子的智力发展速度一定是惊人的。

父母只要稍加留意就会发现，即使是小婴儿，他对人的声音及其他物品的声响也是非常敏感的，这就表明，在孩子还是小婴儿时就教他们掌握语言是可行的。

那具体来讲，孩子多大时我们就可以教他掌握语言了呢？

我的建议是，当孩子刚刚能辨别事物时，也就是在他 15 天大时，我们就可以教他了。

（1）清晰地重复单音节词汇

小卡尔只有半个月大时，已经有了些许辨别能力了，我和妻子经常在他面前伸出手指头，他看到了就要用手捉它。刚开始他的视力还很弱，根本捉不到，后来他终于捉到了，就高兴地把我的手指放在嘴里吮吸，这时我就用清晰而缓慢的语调告诉他，"这是手指，手指……"并不断重复这个词汇给他听。

后来，我又拿了很多东西给他看，同时用缓慢而清晰的语调告诉他那是什么，不久后，儿子就能清楚地说出那些东西的名称了。

再后来，只要儿子醒着，我就跟他说话，我告诉他我在做什么，或轻轻地唱歌给他听……就这样，他的语言能力越来越强。

（2）用标准的语言教孩子

当孩子说出第一个清晰的单词时，说明他开始真正学习了，这时候，教孩子纯粹的发音就是这一阶段的头等大事。否则，一旦孩子学会了含混不清或不标准的发音，父母再想让其改正就很难了。

我们周围的很多成年人至今仍说着不标准的词汇，或发音总有问题，这些都是他们小时候父母没有正确培养的结果。

卡尔刚开始的发音也不准确，但从他发出第一个语音开始，我就不厌其烦地用标准音一遍又一遍地教他，"Fa-Fa-Fa""Ma-Ma-Ma"……当然，教的过程是非常漫长的，并且刚开始成效并不是很明显，但我一直坚持下去，卡尔的发音就越来越标准了。

（3）用"身边的实物"丰富孩子的词汇

丰富孩子的词汇，提升孩子的语言能力，从"身边的实物"开始教他是个很高效的方法。

"身边的实物"可以高效丰富孩子的词汇

等卡尔稍大一些，我和他的母亲几乎是见什么就教他什么。例如，吃饭时教他认识餐桌上的餐具、食物。在房间时，教他认识室内的器具、日常用品以及房间的各个部分。我们还教他认识身体的各部分以及衣服的各个部分。

每天晚饭后，我们都要带卡尔去散步，看到什么，我们就让他观察什么，并教他那是什么。例如，高高的树，矮矮的草丛，飞翔的鸟儿，路边的路灯，楼房，马车，各种花草，各种人，还有忙碌的小蚂蚁……儿子对外面的世界充满好奇，他也非常乐意跟我们学，就这样，他说话的能力进步很快。

（4）用清晰的语言给孩子讲故事

当卡尔稍微能听懂话时，我和他母亲就天天给他讲故事。在我看来，讲故事可以锻炼孩子的记忆力、启发想象力、扩展知识，当然，对于丰富他的语言来说，没有什么比给他讲故事更有效的方法了。

（5）让孩子复述故事

对于孩子的智力开发来说，故事的作用是巨大的，但家长不能只让孩子被动地听，还要调动他的积极性，让他复述故事，或猜测一下故事的结尾。

如果只是单纯地让孩子听，故事的作用可能不能完全发挥出来。

卡尔还不会说话那会儿，他的母亲就给他讲希腊、罗马、北欧各国的神话和传说。等他会说话以后，母子两人就表演这些神话。

这样不断地进行生动的教育，终于有了成果。卡尔到五六岁时就能毫不费力地记住3万多个词汇，这即便对于一个15岁左右的孩子来说也是一个惊人的数字。

（6）坚决不对孩子说方言或不完整的话

用方言或不完整的话教孩子是一种愚蠢的行为。

教孩子说话时，父母们时常喜欢用一些"儿童化"的语言教他们，例如常说"咂咂"（乳房）、"丫丫"（脚）、"汪汪"（狗）之类的词汇。我觉得这种做法是非常愚蠢的，因为这对孩子的语言能力发展丝毫没有益处，反而有很大害处。

用方言或不完整的话教孩子是愚蠢的行为

对于刚刚学习说话的孩子来说，学说"汪"或"丫"等词语，的确要容易一些，但从长远来考虑，这实际上是在浪费孩子的时间和精力。因为孩子终归要学习规范的语言，让他学习两套语言，是不是要比学习一套标准的语言更费时间和精力呢？

我从不对儿子说方言，更不对他说不完整的话，而是从一开始就用标准而漂亮的德语教他。这种做法很快有了明显的效果。一次一位朋友指着一条狗对他说："卡尔，你看，那是汪汪。"但卡尔当即就纠正说："这不是汪汪，是狗。"当时卡尔才1岁，朋友对此大为惊讶。

我不但自己不对卡尔说方言，也不允许妻子和家里的佣人对他说方言。

⑥ 尽早开发儿子的记忆力、
想象力和创造力

卡尔能够取得今天的成就，与他三方面的能力有很大的关系——记忆力、想象力和创造力。我之所以要对卡尔进行早期教育，很大一部分原因就是要尽早开发他的三种能力。

（1）记忆力——把难记的知识变成韵文来记

一位哲人曾说过：一切智慧的根源在于记忆。为了使卡尔牢记各国历史，我是这样做的：起初用讲故事的方法帮他记，而后把它们编成纸牌，采用游戏的方式教。

卡尔在很小的时候就懂得把知识写成韵文来记了，毕竟韵文比零散的知识好记。例如，在卡尔8岁那年，我正教他生理学。趁我外出旅行之际，他竟然用韵文写下了骨骼、肌肉及内脏的名称，以此来加强记忆。这件事使得我大为惊奇，同时对这个聪明的小孩产生了一丝佩服。

对于那些烦琐的历史事件，我先让卡尔读一遍，然后再和他一起用戏剧的形式演一遍，这样，卡尔对它们的记忆就更牢固了。

（2）创造力——鼓励孩子多动手、多思考、多提问

在创造力方面我鼓励儿子多动手、多思考、多提问题。不论卡尔提出什么样的问题，我都耐心地给予解答。

1岁多的孩子总爱把手中的东西到处扔，卡尔1岁多的时候也这样，但如果他能拿着手中的东西聚精会神地玩一会儿，我就及时夸奖他，并变着花样跟他玩。如果卡尔用一种之前从没玩的方

法玩手中的东西，我不光夸奖他，还鼓励他继续创新，多用几种其他的方法玩。

卡尔两岁时，他母亲每天都给他讲故事，他听得津津有味，因为他母亲有一套吸引他不断听下去的办法。每当讲到情节紧迫或快结尾的时候，他母亲就打住，不再继续讲下去，让卡尔自己来编下面的情节。第二天，母亲在讲故事之前，先让卡尔讲一讲自己编的故事，如果他编的故事与原本的故事结尾相同，他的母亲便欢呼着祝贺他；如果他编的结局与原本故事的结局不一样，她的母亲也会夸奖他："哎呀，我儿子编得比故事本身还好呢！"

卡尔的创造力就是在这种编故事的过程中形成的。

（3）想象力——鼓励孩子交一个想象中的孩子

有想象力的孩子是幸福的，不会想象的孩子不可能懂得什么是幸福。

一个人的想象力在小时候得不到发展，那么他既不能成为诗人、小说家、雕刻家、画家，而且也成不了建筑家、科学家、数学家、法学家。

很多父母认为神话是无足轻重的，从不给孩子读，但我却认为这种观点是不对的。通过孩子们在日常生活中的表现我发现，

神话、传说对孩子有非常有益的影响

同样是眺望天空的星星，经常读神话的孩子的感触，与从不读神话的孩子是完全不一样的。另外，由于孩子缺乏社会生活经验，不懂得区分善恶，通过读神话就可以让孩子分清善恶，辨明是非。

我经常给卡尔讲关于仙女的传说和神话，还教他唱与仙女有关的儿歌，因此卡尔从小就喜欢仙女，在他眼中，仙女是非常可爱的。与此同时，卡尔还从那些传说和故事中学到了很多优秀的道德品质，比如正直、亲切、勇敢等。

为了发展儿子的想象力，我不仅向他讲述已有的传说和儿歌，还讲述自编的故事，进而让他自己讲述自编的故事，并鼓励他把故事写成文章。

卡尔和我都交了一个想象中的朋友，一个叫内里，另一个叫鲁西。当我们俩在一起时，我们就把两个想象中的朋友"请出来"，我们"四个人"经常在一起做游戏。所以，每当我和妻子没有时间陪儿子时，儿子从不感觉无聊或无趣，因为他可以和想象中的朋友玩。

就因如此，我们家还闹过一个笑话呢：一天，我们的女佣神秘地对我说："先生，你的儿子有些怪，他好像是在和幽灵玩。"

有的父母因为不了解孩子们的想象世界，当孩子用木片和纸盒建筑城市、宫殿玩时，他们怕收拾屋子麻烦，常常霸道地破坏孩子的游戏。其实，父母的这种做法是在无情地摧毁孩子的精神世界。它剥夺了孩子想象中的幸福和游戏的欢乐，更重要的是，这还可能阻碍孩子成为未来的诗人、学者、发明家……

第三章

多管齐下，掌握正确教育孩子的方法

① 用游戏唤起孩子的识字兴趣

我认为不管教孩子学习什么，首先要唤起他的兴趣。只有孩子感兴趣，学习才可以起到事半功倍的效果。而唤起孩子学习兴趣的最好方法，就是以游戏的方式教他们学知识。这种游戏教学法的效果在卡尔的早期教育中表现得很明显。

为了让卡尔对识字感兴趣，我经常会用一些"小计策"，当然，这些"小计策"是小孩子无法识破的。例如，在卡尔还很小的时候，我就给他买了很多儿童书和画册，并以非常有趣的语调把书中的故事讲给他讲。当他对那些故事产生深厚的兴趣时，我就这样鼓励他："如果你认识字，这些书中的故事你自己就能读明白。"

唤起孩子的兴趣，学习才能事半功倍

当然，有时我会故意吊他的胃口，不给他讲，而是这样对他说："这本书上的故事特别好玩，可惜的是，我现在很忙，没时间讲给你听。"就这样，卡尔想识字的想法和愿望特别强烈，也正因为如此，他识字的速度特别快。

为了使卡尔识字的兴趣继续保持，我还为他制作了很多小卡片，我亲自在卡片上画了很多可爱的小动物、小房子、树木等，并标出他们的名称。我把这些卡片贴在卡尔经常活动的地方，如他的卧室、餐厅等，让他时时能够看到，以加深记忆；我还经常用这些卡片给卡尔讲故事，与他一起做游戏……就这样，卡尔识字的速度不但很快，而且识字量也与日俱增。

② 如何教孩子学外国语

在儿子能用德语自由地阅读后，我便开始教他学法语了，那时他才6岁。由于方法得当，只花了一年的时间，卡尔就能用法语自由阅读各种法文书籍了。在这里有一点不得不提，他学习法语之所以学得这样快，与他的德语基础知识扎实有很大的关系。那时的卡尔，母语德语已经说得很流利，知识量也相当丰富，这些都是他学好另一门语言的基础。

卡尔学完法语后，我又马上教他学意大利语，他只用了6个月的时间就学会了。这时我已经下定决心教他学习拉丁语了。

拉丁语一直被孩子们视为最头痛的语言，即便对于十几岁的孩子来说，拉丁语的学习也是相当困难的。为了让卡尔不会产生畏难情绪，也为了激发他的学习兴趣，在教他学拉丁语之前，我先把拉丁语名著——威吉尔的《艾丽绮斯》的故事情节、伟大的思想、漂亮的文体等讲给他听。我还告诉他，要想成为一个卓越的博学者，就一定要学好拉丁语。就这样，在好胜心的刺激下，卡尔对学拉丁语产生了极浓的兴趣。

与之前我惯用的手段相同，为了增加卡尔学拉丁语的信心，我又使了一些"小计策"：

卡尔小时候，我经常带他去听莱比锡音乐会。有一次在中间休息时，卡尔看着印有歌剧歌词的小册子对我说："爸爸，这些字既不是法文也不是意大利文，难道是拉丁文？"我趁机启发他："没错，这就是拉丁文。你想想看，看你能猜出它们是什么意思

第三章◇多管齐下，掌握正确教育孩子的方法

49

吗？"卡尔利用法语和意大利语进行类推，基本说出了那些拉丁文的大意。我及时鼓励并表扬他。不出我所料，他高兴地说："爸爸，没想到拉丁文这么容易学，我也想学拉丁文！"

这时，我真真正正地感觉到时机成熟了，于是开始教卡尔学习拉丁文，结果，他只学了9个月便学会了。

之后，卡尔又学习了英语和希腊语，这两种语言他学习的时间都很短，英语用了3个月就学会了；希腊语学了半年也学会了。

对比所有的外语，儿子学希腊语比较有意思，整个过程基本上就是一个阅读名著的过程。他学希腊语是从背诵常见的单词开始的。我为他做了希腊语单词和德译卡片，他通过这些卡片学会了常见的单词。

掌握了一定数量的单词后，他便开始读名著。最初，他读的是《伊索寓言》，接着又读了色诺芬的《从军记》。跟教授其他几种语言一样，我并没有系统地给他讲授语法，只是随时教他必要的东西。

例如，当时德国只有希腊－拉丁辞典，没有希腊－德语辞典。当我在家里工作的时候，卡尔就坐在我旁边的书桌旁学习，遇到不认识的单词，他只得一个一个来问我。虽然当时我工作很忙，但面对孩子的提问，我从不发火，而是耐心细致地为他讲解，直到他真正明白为止。

学完所有这些语言时卡尔刚8岁，他已经能够轻松地阅读德国、法国、意大利、希腊等各国文学家的作品了。

一般人都畏惧学习外国语，就算不畏惧，在他们看来，学会六国语言几乎是要花费一辈子的精力才能完成的事情。卡尔在这么小的年纪，用这么短的时间就做到了，这里面有什么秘诀吗？并没有什么秘诀，只是我在教授儿子外国语的过程中总结出了一些经验。

（1）用"耳朵"学外语

现在我以卡尔学习拉丁语为例为大家讲述。

确切来说，当卡尔还在摇篮中时，我就开始教他学习拉丁语了。

那时的做法很简单，就是利用婴儿的听力，用"听"的办法让他学语言。例如，当卡尔睡醒之后情绪比较好时，我就用缓慢而清晰的语调为他朗诵威吉尔的《艾丽绮斯》，这是一部很出色的拉丁语叙事诗，同时也是一首极好的摇篮曲。卡尔非常喜欢，经常是听着听着就睡着了。正是因为我之前为他打下了这样的基础，所以他学拉丁语时感觉很轻松，并且很快就能背诵《艾丽绮斯》了。

（2）与其背莫如练

学外语时，通俗易懂的诗最易于记忆，所以，不管是教卡尔学习哪门外语，我总是先教他一些诗歌，使他熟悉这种语言的感觉。但是，不管记了多少单词，记了多少句子，要想真正掌握这门语言，最有效的方法就是勤运用，勤练习。

一旦卡尔掌握了一门外语，平时的生活中，我就用这门外语跟他交谈。若是偶尔他遇到了不会表达的时候，用其他的语言跟我说话，我就会不理他，逼得他自己想办法非用那种语言跟我交流。与此同时，我还要求他读所学语言的书籍，因为要学好一种语言的最好办法就是看懂该种语言的书，任何语言最精华的部分都在书里。遇到不懂的单词时，我就让他自己去查辞典，后来查辞典的次数越来越少，就表明他已经掌握了那种语言。

另外，我还鼓励卡尔与外国的孩子通信，起初是我介绍一些外国朋友的孩子给他认识，后来，他学习了希腊语，便开始给一个希腊的孩子写信。令他没想到的是，那个希腊的孩子竟然给他回了信，他高兴极了，从此对希腊越来越感兴趣了，便读了许多有关希腊的书。接着他又和意大利、英国的孩子通了信。他对这些国家也很感兴趣，还兴致勃勃地研究起他们的地理和风俗习惯。就在通信的一来一往中，卡尔的外国语长进了不少。

（3）用不同的语言去读同一个故事

很多人读过一遍小说，就不想再看了，而卡尔却乐意反复多次去听同一个故事。我抓住了他这一心理，在教他学外语时，常让他用不同的语言去读同一个故事。比如当他读《安徒生童话》时，既让他用德语读，又让他用法语、意大利语、拉丁语、英语和希腊语读……对于学习外语的孩子来说，这一方法是非常有效的，会使得他们对各种语言融会贯通，让他们学起来既轻松又快捷。

用不同的语言读同一个故事，也是学习外语的好办法

（4）最有效的办法是各种游戏

我要在这里再次提醒父母们，孩子学习语言的能力是惊人的，但他们的学习效果如何，关键在于我们是否运用了最有效的教学方法。教孩子学习外语，我认为最有效的办法是在学习中与孩子做各种游戏。

在卡尔刚学会说英语时，我就把"您早"这句话用十三国语言教他，他很快就学会了。于是在我们家有趣的游戏也就开始了：每天早上，我让儿子对着代表 13 个国家的 13 个玩具娃娃，用各国语言说"您早"。

每个孩子都是爱玩、好动的，根据这一特点，我常和卡尔做各种语言游戏，比如讲故事、说歌谣、猜谜语、比赛组词造句、编动作说谚语、编故事等等。

如此生动地学习，孩子怎么会学不好呢？

③ 抓住孩子的模仿期教他写字

卡尔3岁多时就表现出了想学写字的欲望。

一天，我正在书房里写报告，突然觉得身后好像有人也在忙碌着。我转头一看，原来是卡尔。

当时我很奇怪，平时活蹦乱跳的卡尔怎么无声无息地跑到书房里来，而且还这么安静！他背对着我，半蹲半趴在地上不知在摆弄什么。

我悄悄地站起来，蹑手蹑脚地走到他的身后。

当我看到他在干什么时，我简直是又惊又喜！原来这个小家伙正拿着一个小木棍在一张废纸上"写字"呢！

我趁机愉快地问他："卡尔，你想学写字吗?"

"当然想学了！"卡尔不假思索地回答。

听到这样的回答，我赶紧给他找来一支木炭笔递给他，手把手地教他写自己的名字。

刚开始，卡尔连笔都不会握，笨手笨脚的，一个字也写不好。但我从不嘲笑他，也不批评他，而是一次又一次地告诉他正确的握笔姿势，并鼓励他。尝试了很多次之后，卡尔终于写出了自己的名字，虽然它是那么的歪歪扭扭，但卡尔却很高兴。

那一天，卡尔写了很多遍自己的名字，等他自己觉得写得很不错时，便拿着写好的名字去给他的母亲看。他的母亲看后大吃一惊，她做梦也没想到，儿子那么小竟然会写字了。

"真的太棒了，我们的卡尔会写字了！"虽然卡尔写得并不好，但他的母亲还是真诚地赞扬了他一番，这使得卡尔写字的欲望越来越强烈，他更加拼命地练习起写字来。

那几天，卡尔学习写字的情绪很高，成天嚷着要我教他更多的字，并要求我给他钢笔。小孩子怎么能用钢笔呢？我问他想用钢笔的理由，他天真地回答："因为你在用钢笔，所以我也要用。"

想要孩子学会写字，就不要怕他打翻墨水瓶

为了让卡尔的学习热情继续保持，我给了他一支钢笔。他想模仿我，想尽快学会写字，我也就只能尽量满足他了。可是这样一来，他却给我带来了很大麻烦，因为年龄还很小的卡尔经常将墨水弄得满手、满脸都是，甚至有时还会打翻墨水瓶。

尽管如此，我也没有制止他或批评他，而是继续教他写字。就这样，几天后，在我和卡尔的不懈努力下，卡尔不但正确掌握了钢笔的用法，还写出了笔法漂亮的字。

有一次，我们全家出外旅行住旅馆，我让卡尔自己在登记薄上签名。他的签名笔迹漂亮极了，让旅馆老板大为惊讶。

卡尔刚一学会简单的句子，我就让他天天写日记。这样，卡尔从4岁开始就能记日记了。每当下雨刮风不能在室外玩时，他就拿出日记翻看，回想幼年时代的情景，感到很有乐趣。

4 我如何培养儿子多方面的兴趣

　　卡尔小小年纪就学会了那么多知识，很多人都觉得他的生活一定是单调而乏味的，肯定是除了学习还是学习。实际上，情况并不是这样的，卡尔的生活过得很丰富也很精彩，因为我一直在引导他从多方面获得乐趣。

（1）从读书中获得乐趣

　　在卡尔掌握了一定的词汇量后，我便着力培养他养成爱读书的好习惯，并努力使他产生这样的感觉：读书是一件充满无穷乐趣的事。

能够从读书中获得乐趣的孩子生活更丰富更精彩

　　在为卡尔选书时，我特别注意这两点：一是尽量考虑卡尔的阅读能力，二是一定要为他选择一些对他有益的书。我认为一个孩子喜好什么样的书，往往决定于他第一次读的是什么书，而且幼年时期读的书往往能左右这个孩子的一生。所以，对此我非常重视。

卡尔生来就喜欢读书吗？当然不是。为了引导他爱上读书，我还用了一些"小伎俩"呢！小孩子不喜欢读书，但他们喜欢听故事，所以，我常常用故事诱惑卡尔去读书。在此，我要强调一下故事对于年龄较小的孩子的重要性，它不仅能够丰富孩子的知识，而且能够成为引导孩子看更多书的桥梁。

我在讲故事的时候，总是绘声绘色，运用夸张的表情、形象生动的语言，并辅之以变幻不定的手势，甚至有时候站起来模仿故事人物的身形以不断推动情节发展。儿子听得如痴如醉，常常也禁不住跟着我手舞足蹈。但我总是讲到最有趣的地方就打住，并告诉儿子这个故事在哪本书中，鼓励他在阅读中寻找乐趣。

（2）从音乐中寻找乐趣

在卡尔小的时候，我还引导他去音乐中寻找乐趣。

人生在世，完全不懂音乐的人绝不是幸福的人。我们不能每个人都成为音乐家，也没有这个必要。但在我看来，即使自己不会弹奏乐器，不会演唱歌曲，但至少应该会欣赏，这样才能体会到音乐带来的享受感、幸福感。因此，我们一定要教孩子学一些音乐，最起码培养一下他对音乐的感觉。

每个孩子都喜欢节奏，我就是从这方面入手训练卡

不能成为音乐家，也要让孩子学会
欣赏音乐

尔对音乐的感觉的。

从他还不会说话时起，我就用拍手的方式打拍子给他听。之后，我又给他买来一个小鼓，教他照拍子敲打。等他稍大一些，我又给他买了木琴，让他敲打，并且开始跟他一起玩弹琴的游戏。我用手指出墙上的乐谱，他按乐谱拨响琴弦。不久，他已能用吉他单音弹奏简单的曲调了。

在卡尔能够用吉他弹奏简单的旋律之后，我便抓住机会鼓励他练习下去。我从单音开始教他，后来又教他和声，没过多久他就能很流畅地弹奏音阶和琶音了。

这时，我觉得自己已经没有能力继续教他更深入的演奏技巧了，便为他专门聘请了一名吉他教师。

现在有许多音乐教师在教孩子学音乐时只教技巧，无论是学习钢琴还是小提琴，他们总让孩子像机器人一样没命地练习。我认为这种方式是错误的，因为音乐是感觉上的东西，如果不能有效地让孩子欣赏音乐，让他们发现音乐的神秘之美，他们是永远也学不会弹乐器的。

让卡尔学音乐，我一直坚持这样的原则：让他在学习的过程中欣赏，在欣赏的过程中学习。就这样，在没怎么费力的情况下，卡尔便熟练掌握了小提琴和吉他这两种乐器的演奏方法，后来又学会了钢琴。

不仅如此，卡尔在学习乐器演奏的同时，还在老师的帮助下自己编曲子，虽然那还不是真正意义上的作曲，但对于小卡尔来说已经是非常不容易的事了。

卡尔自己创作的那些曲子我至今还保留着。时至今日，每当看到它们时，我总会想起童年时卡尔的可爱模样。

⑤ 在大自然中将知识教授给孩子

　　了解卡尔的人都知道，他并不是一个死学习的书呆子，他坐在书桌前的时间比任何一个少年都要少。事实上，他把大量的时间用在了尽情地玩耍和运动上，是一个非常健康活泼的孩子。在学习方面，卡尔除了学习外语以外，还轻松顺利地学习了植物学、动物学、物理学、化学、数学等。

　　大家肯定想知道，我到底用了怎样独特的教育方法，使得卡尔既轻松愉快又学到了如此丰富的知识。其实很简单，我的教育秘诀在于：**唤起孩子的学习兴趣，引导他主动提出问题。**

　　卡尔三四岁的时候，我每天早晨开饭前都要带他出去散步一两个小时。但是这种散步不只是简单地溜溜达达，而是一边走，一边谈话。比如我总要选择几个有趣的问题，讲给儿子听。他的思维活跃，想象力也特别丰富，能够顺着我的思维和话语，一会儿谈航海去印度和中国，一会儿逆尼罗河而上，一会儿到白雪皑皑的北极探险，一会儿又在芳香浓郁的锡兰森林中徘徊。有时，还追溯到几千年以前，跟随斯巴达人攻打特洛伊城；有时坐在奥德修斯的船上，在未知的海洋上航行；有时又跟随亚历山大的军队远征……卡尔的地理与历史知识就是在这样的散步中打下基础的。

　　但更多的时候，我会就地取材，教授他一些简单的知识。例如，我们走在植物繁茂的山间小道上，路边总有一些不知名的小花探出头来。我常常顺手掐起一朵花，兴奋地叫卡尔一起来观察，"儿子，快来，我们一起来看看这朵花。"这时，卡尔总会好奇地凑过来。我会一边解剖这朵花，一边给他讲解花的生长特点和作用，还会详细地给他讲解花的构造："这是花瓣，这是花蕊，这是花粉……没有花粉，花儿是结不出果实的……"

有时会从草丛里蹦走一只蚂蚱，我通常会眼疾手快地抓住它。然后我们两个头碰头蹲下，一起研究它。由一只蚂蚱，我会给卡尔讲昆虫的身体结构、生活习性、繁殖等知识……就这样，我通过现实生活中一些实实在在的素材来向卡尔传授知识，我认为，这种传授知识的方式比课堂上那种死板僵化的动植物课程直观多了。

对孩子们来说，大自然是最好的课堂

每逢节日，我都会带卡尔去田野里玩，说是玩，其实是带他去大自然的课堂中学习更多的知识。例如，我们会研究一朵花、一棵草，有时还会窥视小鸟的窝、观察小虫子的生活状况，或者是砸碎一块岩石来观察。在这一过程中，我会利用这些实物给卡尔讲述各种有趣的故事，内容涉及到动物学、植物学、矿物学、物理学、化学等几乎所有的科学领域。

卡尔非常喜欢这种大自然的课堂，他常常自动收集植物标本、用显微镜观察他感兴趣的各种物体，还经常做笔记或写观察日记呢！

有一次，我捉了一条大青虫给卡尔看。当时，他害怕极了，认为这是一种可怕而令人恶心的动物。可是，在我仔细地向他讲述了青虫的生长规律之后，他便不再害怕，因为他知道了美丽的蝴蝶正是由这种难看的昆虫变来的，为此，他还写了一篇《美丽从哪里来》的童话故事。

他在故事中描述了一条小青虫在没有变成蝴蝶之前遭到了别人的冷眼嘲笑，可在它变成蝴蝶之后又赢得了所有动物的尊重和羡慕。写完文章后，他还若有所思地对我说："不仅小动物是这样的，人也是这样的。一个人在一无所有的时候就会受到别人的冷落，当他取得成绩的时候就会得到别人的赞扬和尊重。"

卡尔能写出这样的文章，能说出这样的话，我当然感到非常高兴，也为他感到自豪。因为他不仅学到了自然知识，也对人生有了更深的认识。

父母把孩子带到大自然中去学知识，孩子就没有时间和精力干坏事了。正是因为懂得这个道理，我总会让卡尔尽量多地接触大自然。当然，在没有时间外出的时候，我就在家里跟他一起搞园艺，我们种了很多花草，并每天精心照顾它们。卡尔很喜欢做这些事情，他每天都会给它们浇水、除草，观察它们的生长情况，并觉得这一过程非常有趣和享受。

卡尔还养过小鸟。他有两只金丝雀，一只叫菊花，一只叫尼尼达。他教给金丝雀各种"能力"，它们能随着小提琴的节奏唱歌，又会站在人们的手掌上跳舞。卡尔的小鸟非常听话，有时卡尔弹吉他，小鸟就站在他的肩上，卡尔让它们闭上眼睛，它们就双眼紧闭；除此之外，它们还会翻书呢，卡尔读书时，叫它们翻开下一页，它们就用小嘴翻到下一页。

此外，卡尔还饲养过小狗和小猫。为了照顾好这些小动物，卡尔在为它们调食、喂水时，精神一直高度集中，这不但使他具备了专注的能力，也使他具备了慈爱之心。

6 我坚持与儿子的地位平等

有人认为，在幼儿阶段，孩子只对玩耍感兴趣，这种说法是极度不科学的。

事实上，孩子的学习好奇心两三岁就已经萌发了，其具体表现就是他们开始向大人提问，他们的问题很多，而且总是千奇百怪。这是值得高兴的事，这说明孩子已经对他自身之外的世界进行思考了。然而，大多数父母却不这样认为，他们不仅不为孩子提问感到兴奋，反而觉得厌烦不已。在很多时候，他们只是对孩子的问题随随便便敷衍一下，并不给予耐心的说明和解释。

这种做法是大错特错的，父母们的这种态度实际上是在压抑孩子的学习好奇心。要知道，在孩子的智力刚开始萌芽时，我们总是打压孩子的好奇心，总是阻止孩子玩这，不允许孩子碰那，那孩子的学习好奇心就会枯萎，渐渐地，他们的大脑就会变成不

父母应该保护和培养孩子的好奇心，
而不应高高在上地对待他们

愿思考、只会消极接受知识的装饰品。相信每位家长都不愿看到自己孩子的大脑变成装饰品，但在现实中，很多孩子的好奇心的确因为父母的打压而枯萎了，可悲的是，等到孩子上了学，这些父母才大惊小怪地抱怨："为什么我家孩子成绩不优秀呢？"他们却从没有反省过自己，从自己身上找原因。

还有一些父母，他们并不懂得如何去保护和培养孩子的学习好奇心，而且还常常以高高在上的姿态对待孩子，他们总是认为孩子什么都不懂，对待孩子的提问不是随便地敷衍应付，就是以长辈的权威武断地命令孩子，甚至让孩子无条件地接受自己的观点。

这种做法更是错上加错。

我的一位表兄就是用这种错误的方式教育孩子的。他的这种不负责任的做法让孩子变得越来越糟糕，到最后甚至使得孩子的心理也出现了问题。

起初这个孩子与其他的孩子一样，对周围的世界充满了好奇，经常缠着父亲问这问那。可是，父亲并没意识到这是孩子的奇思异想，并没有把它放在心上，总是随便说点儿什么应付孩子。在孩子对某些具体的事物提出疑问时，有时甚至会把父亲也问住，因此他的父亲觉得很烦，总是这样批评他："你问这么多干什么？快去玩你的吧，别来烦我。"

多次遭到父亲粗暴拒绝，但孩子天性中的好奇并没有泯灭，他还是一次又一次地向父亲提出问题，希望父亲能为他解答，满足他的好奇心。

有一次，孩子问父亲："爸爸，太阳和月亮总是从东边升起来，从西边落下去，这是为什么？"

父亲觉得这个问题根本没法回答，便敷衍他："没有为什么，它们本来就是这样的。"

孩子当然还是不理解："我想，这其中一定是有什么原因的吧！"

父亲终于不耐烦了，生气地说："没有什么原因，它们就是那样的。你没事管这么多做什么？"

孩子说："可是，我想弄明白……"

也许父亲觉得孩子太烦人了，便大声地向孩子吼道："你怎么这么讨厌？你不用弄明白，我说它们本来就是那样的，这还不够吗？"

从此以后，孩子再也不向父亲问任何问题了，他总是自己一个人坐在椅子上发呆。

对于这个孩子来说，父亲不但不帮他解决疑问，还总是用那种高高在上的态度对待他，这简直是他一生最大的不幸了。

作为父母，重视孩子最初对世界的探索，积极回应他们的每一个问题，是我们的职责。当然，我们还要特别注意一个问题，那就是不能以父母的权威来压抑孩子的天性。

父母如果遇到自己也不知道的问题，可以和孩子一起学习

要知道，父母是人而不是神，也有犯错误的时候。例如，当孩子的提问超出了自己的知识范畴，一时回答不上来之时，为了保住面子，便随便给出一个错误的答案，甚至以大声呵斥孩子来掩饰自己的尴尬。

类似的错误父母们常犯，但我从不犯。

当卡尔向我提问时，我首先会表扬他提出问题这一行为，然后再耐心作答，从不欺骗他。在教育这个问题上，我觉得再没有什么比教给幼儿错误的知识更可恶了！一个人最初的印象往往是最深刻的，因此，这个错误有可能伴随孩子一生。

我从不在卡尔面前充当权威，因为我从不认为我比他懂得多。当卡尔问到的问题我确实不懂时，我丝毫不犹豫，会如实告诉他。

有一次，卡尔问了我一个有关天文学方面的问题，那个问题我确实不知道，于是便如实告诉他："这个问题爸爸也不清楚。"于是我们俩一起查书，一起去图书馆找相关的资料，终于把这个问题弄懂了。

最后，我向卡尔表示了真诚的感谢："如果你不提问，也许爸爸永远都不会弄明白这个问题，所以，以后你要多多提问，我们父子俩一起学习，共同进步。"有了我这样的鼓励，卡尔的问题如涓涓流水，越来越多。

父母解答孩子的疑问是对的，但当孩子稍大一些、有了独立思考的能力之后，这个问题就另当别论了。当卡尔年龄稍大一些、懂得的知识越来越多时，对待他的提问，我不再立刻给他答案了。我总是鼓励他自己思考，或自己动手去找答案。当然，有时卡尔思考出的答案是错误的，我也不一口否定他，而是帮他分析，找出错误的原因，或者这样对他说："其实你的答案也有道理，也许爸爸的答案是错误的，不如这样，我们一起看看书中是怎么分析的吧！"

在教育卡尔的过程中，不管他是丝毫不懂事的婴儿，还是成了满腹学问的"小神童"，我始终把他放在与我平等的位置上，在使卡尔受到尊重的同时，还让他明白了这样一个真理：不能迷信权威，要永远追求真理。

⑦ 罗森布鲁姆教授的数学教导方法

刚开始卡尔并不喜欢学数学。

在卡尔很小的时候，我就用游戏法教他学数字和数学了。例如，我用做买卖游戏的方法教他认识钱以及钱的算法，这有一定的效果。但当我教卡尔学习乘法口诀时，却遇到了麻烦：卡尔第一次对学习表现出了厌烦，他讨厌乘法口诀，连后来我为他编的歌谣版乘法口诀他都讨厌。

那段时间我也迷茫了，不知该如何激发卡尔学数学的兴趣。

孩子"偏科"与父母的好恶有很大的关系

一次偶然的机会，我偶遇了一位数学教授——罗森布鲁姆教授，他的教学技巧相当高明，他的点拨解决了我的烦恼。

听到卡尔对学数学不感兴趣，他一语道破了问题所在："在我看来，你的儿子之所以对数学不感兴趣，很大一部分原因是你的教学方法不对头。据我了解，孩子'偏科'与父母的好恶有很大的关系。就拿你和你的儿子举例子吧，你本人喜欢文学、音乐和历史，所以你能很有激情地教儿子学习这些知识；动物学、植物学、地理学你也相当有研究，很有兴致去教孩子，所以孩子很乐意学。但数学，由于你自己不喜欢它，教孩子学习的兴致也不是很高，所以你的孩子才讨厌它。"

我觉得罗森布鲁姆教授说的有一定道理，后来他又教了我一套数学教学法。我用这套方法教卡尔，事实证明，效果特别好。

罗森布鲁姆建议我，先用一些简单的游戏让孩子对数学产生兴趣。例如，我与卡尔就玩过这样两个游戏：

游戏一：

把豆子和纽扣等装入一个半封闭的纸盒里，我们父子二人各抓出一把，然后数数看谁的多；或者在吃葡萄等水果时，数数它们的种子；或者在帮助女佣剥豌豆时，一边剥一边数不同形状的豆荚中各有几粒豌豆。

游戏会让孩子喜欢上数学

游戏二：

掷骰子的游戏。最初我们用两个骰子玩，把两个骰子一起抛出去，然后把骰子正面朝上的两个点数相加。例如，如果骰子正面朝上的点数是3和4，就把3和4加起来得7分。如果出现了2

和4、3和3，就得6分。把这些分分别记在纸上，玩3次或5次之后计算一下，决定胜负。

卡尔非常喜欢这类游戏。但尽管如此，我仍然按照罗森布鲁姆教授的建议，每次玩一刻钟之后便让卡尔休息一下。对此，罗森布鲁姆教授给出的理由是：所有数学游戏都很费脑力，对于小孩子来说，一次超过一刻钟就会感到疲劳，所以不宜让他们长时间玩耍。

类似的游戏玩了两三周之后，我逐渐把骰子增加为3个、4个，最后有时还达到过6个。

乘法也可以用游戏这种直观的形式表达出来。例如，我把豆子和纽扣分成两个一组的两组、三个一组的三组，并把它们排列起来，让卡尔数数它们各是多少个，然后把结果写在纸上。这样，卡尔很快就懂得了二二得四、三三得九的道理。依次类推，更复杂的游戏他也玩得非常开心。

"做买卖"的游戏不仅能让孩子认识钱，
还能让孩子学会复杂的计算

为了让卡尔将数学知识"学以致用"，我还常常跟他玩"做买卖"的游戏。例如，卡尔用家里的物品开"商店"，商品各种各样，有的按长短来计量，有的按数量来计量，有的按重量来计量……这样他就在不知不觉中学会了很多计量单位。在游戏的过程中，我们都是用真正的钱去做"交易"的，因此，卡尔不但认识了钱，还在买卖的过程中学会了一些复杂的计算。

　　按照罗森布鲁姆教授的办法，卡尔很快就对数学产生了非常深厚的兴趣。因为这种深厚的兴趣，他不但学会了算术，还轻松地学会了代数、几何。可以说，他已经爱上学数学了。

⑧ 再用功也不会损害神经

　　人们已经习惯性地认为，过于用功会损害神经，但这只是一种迷信。以我多年的经验，我可以负责任地说，只要有兴趣地、主动地学习，再用功也不会损害神经。相反，填鸭式的教育才真正会损害孩子的神经。

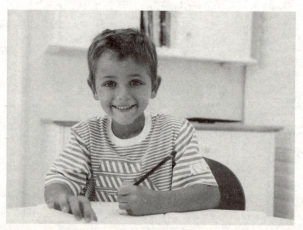

有兴趣的学习不会损害孩子的神经，填鸭式的教育则不然

　　米斯卡维诺是极力反对我教育观念的人之一。他是一位小学教师，在卡尔出生之前，他便嘲笑和诽谤过我的教育观点，认为我的观点推翻了古人的理论，是异想天开。

　　对于类似的反对，我无话可说，因为我的思维方式与他完全不同。诚然，历史和古人给我们留下了许多宝贵财富，但这并不意味着我们一定要遵循过去的一切。

　　我一直认为，不管是学习还是工作，没有自己的思想，没有自己的判断，没有创新的精神，一切的努力都是白费心机。

好吧，现在我们就看看这位米斯卡维诺老师是怎样教育孩子的吧。

当然，他也想把自己的儿子培养成天才。为了达到这个目的，他可以说是不惜一切。

一天，在米斯卡维诺先生得意扬扬的邀请下，我参观了他儿子的书房。

书房中的景象让我目瞪口呆，因为我真的不敢想象，那是一个孩子的书房。

"怎么样，卡尔·威特先生，"米斯卡维诺得意扬扬地说，"我的儿子学习还算用功吧？"

我不知道该如何回答，因为那个可怜的孩子的头完全埋在了像小山一样高的书堆里，他简直就像一只失去自由的小鸟。

那年他还不到 5 岁，但他每天必须学习 10 个小时。

而米斯卡维诺先生的教育方式就是，每天拼命让儿子啃那些枯燥而深奥的书本：历史、地理、物理学、生物学，还要学习本国语、各种外国语等等。

可想而知，孩子是在父亲的强迫和催逼下才肯学习的。

"从刚懂事起到现在，我这个宝贝儿子几乎没有出过书房。"米斯卡维诺先生自豪地向我介绍说。

其实，他不给我介绍我也能看得出来，因为那个孩子脸色苍白、没有血色，而且眼神空洞迷茫，一看就是长时间不运动、不开心的结果。

随后，我问了那个孩子一些他学过的知识。就像我预料的一样，他的回答很糟糕，虽然他说出了大概的答案，但很明确，他的思维很混乱、毫无头绪可言。

我那时就在心里肯定地对自己说，这位父亲对孩子的教育不但不会有效果，甚至还会害了孩子。事实也证明了我的推断，在卡尔上了大学后，那个孩子的智力仍然没得到很好的发展。很显然，米斯卡维诺先生的某些教育观点是不科学的。

学习是否会损害孩子的神经，不取决于孩子的用功程度，而是取决于孩子是否有学习兴趣。对于米斯卡维诺的儿子来说，学习是压力、是职责，用功学习便成了一种痛苦和负担。但对于卡尔来说，学习就是玩，就是一种有趣的游戏，所以再怎么用功他也不会觉得累，而是越玩越有劲学习，如此一来，各自有不同的结果也是理所当然的了。

9 在对儿子的施教上，我一直深信 "百闻不如一见"

除了教卡尔学习书本上的知识，我还特别注意利用日常生活中的一切机会来丰富他的知识。例如，看到某个建筑物，我会给他讲这个建筑物的大概结构，是什么风格；看到一座古城，我会给他讲一讲这个城的历史，以及围绕这个城所发生的轶闻趣事。

我一直觉得，如果一个人只是拘泥于书本知识，他就会变得思维狭隘、目光短浅，这样的人是不可能成为有创见的学者的。不仅如此，如果一个人总啃书本上的知识而不直接走入生活，那他甚至连书本上的知识也不能完全掌握。

一个书呆子式的人是不可能有所作为的，所以，在教卡尔学知识的过程中，我总是尽可能地让他在生活中学习。

有一次，卡尔读《伽利略传记》，读到了那个"两个铁球同时落地"的故事，他有些不明白，便来问我："爸爸，两个不同质量的铁球从高空中落下来，真的会同时落地吗？我怎么觉得不可能呢，一个轻一个重，应该是一先一后落地才对呀！"

伽利略的故事是一个非常著名的故事，相信所有的孩子都读过，卡尔能够提出这样的疑问，我很高兴。因此，我这样对他说："自己动手做个试验，你的疑问不就解决了？"

于是，找了一个合适的时间，我和卡尔带着一轻一重两个铁球，爬到了教学楼的楼顶做这个试验。

当时有很多邻居围观，他们其中的大多数都这样评价我："威特牧师太宠孩子，伽利略的原理怎么会错呢？带孩子做这么危险的实验一点儿都没必要。"

我并没有在意大家的议论，而是坚持与卡尔做完了那个实验。实验做完后，卡尔惊讶极了，同时他觉得很神奇，于是下定决心要弄明白"两个铁球同时落地"的原理。就从那时起，卡尔迷上了别的孩子认为枯燥乏味的物理学。

"两个铁球同时落地"的故事，相信很多孩子都读过，但很少有孩子对此提出质疑，也许他们都持有这样的想法："书上是这么说的，肯定错不了！"

有句俗话叫作"尽信书不如无书"，我们可以这样说，一个盲目相信书本的人肯定是一个懒惰和盲从的人，这样的人是很难在学问上取得成就的。

卡尔是一个与众不同的孩子，他从不轻信书本，所有的知识都想亲身体验一下才肯罢休，也正因如此，他的独立思考能力和动手能力都特别强。

在学习的过程中，卡尔做过无数个试验。从某种角度来讲，卡尔的学习热情正是在这种亲身体验、动手证实的过程中一点点培养起来的。

卡尔两岁之后，为了让他接触更多的人和事，不论去哪种场合，我都会带上他。例如，随意一点儿的场合：走亲访友、出门买东西。又如，正规一点儿的场合：听音乐会、看歌剧。我这样做的目的就是让他从小就与各种身份、各种阶层的人交往。因此，卡尔的社交能力从小就很出众，他从不怯生、不怯场，越是人多或越重要的场合，他就发挥得越好。

后来，儿子成名后必须出入一些正式场合，例如，见一些贵族、王公大臣，甚至需要和国王打交道，他都能表现得非常得体，给别人留下了很好的印象。我见过一些在学问上十分优秀的人，因为缺乏经验，出入这类场合时就显得畏缩慌张，实在不雅。

除此之外，只要有时间，我就带卡尔外出。我们几乎参观了所有的博物馆、美术馆、动物园、植物园、工厂、矿山、医院和保育院等。当然，我这样做的目的很明确，就是开阔他的眼界、增长他的见识。只是参观并不足以让卡尔学到具体的知识，每次参观回来之后，我都会让他详细地叙述旅途中的见闻，或是让他讲给他母亲听。这样一来，卡尔不但能记住更多知识，语言及逻辑能力也得到了很好的锻炼。

现实世界教给孩子们的知识永远比书本上的更多更生动

卡尔 5 岁时，在我的陪伴下，几乎游遍了德国所有的大城市。6 岁时，他已经成了我们所在地区见识最多的孩子，他的见识甚至超过了很多成人。他周围常常有一群孩子围着他，他们在地理、历史方面有不懂的、有想知道的，都在问卡尔，他们还经常请卡尔讲在旅途中的见闻呢！

读万卷书远远比不上行万里路，在对卡尔的教育上，我一直深信"百闻不如一见"的道理。现实世界能教给孩子的，永远比书本能教给他们的更多、更丰富、更生动。

10 让孩子玩出各种能力

对于孩子们来说，玩耍不仅仅是一种兴趣，更重要的是，它能不断地开发孩子们的智力。这一点，在我对卡尔的教育中得到了有力的证实。

父母与孩子一起做智力游戏，实际上就是一种对孩子很有益的"玩"。卡尔的注意力、观察力、记忆力、想象力、动手能力等都是通过这种游戏"玩"出来的。

为了让卡尔的观察力更敏锐，我时常跟他玩一种"什么不见了"或"什么又来了"的游戏。

游戏规则是这样的：我往桌子或盘子里放几样东西，先让卡尔看清楚并尽力记住它们，然后让他闭上眼睛，我悄悄地拿走或再放入一件物品，这时再让他睁开眼睛看看发生了什么变化。

有一次，我跟卡尔开了个小小的玩笑，他闭上眼睛之后，我并没有拿走或增加桌子上的物品，而是把其中的两件物品调换了一下位置。

卡尔睁开眼睛仔细观察了一番，他大概觉察出了我"动了手脚"，却又不知我增加或减少了什么。

在他实在猜不出的时候，我告诉他我既没有增加东西也没有拿走东西，只是把物品的位置调换了一下。卡尔当时很生气，说我不遵守游戏规则，还说我欺骗他。

当时，我一本正经地告诉他："我们玩这个游戏的目的就是为了训练你的观察力，既然你没能准确地做出判断，这只能说明你的观察力还不够好，所以，你输了。"

第二次再玩这个游戏时，卡尔变聪明了，他不仅像以前那样记物品的个数，还尽量记准它们的位置。

通过这样有目的的锻炼，卡尔的观察力越来越敏锐了。渐渐地，卡尔形成了一种与众不同的能力，他对某些物体的数量特别敏感。就算只看一眼天空飞翔着的一群小鸟，他也能准确地说出一共有多少只。

我认为这些方法不仅有助于培养孩子的观察力，还能有效地培养孩子的注意力和记忆力。

在孩子小的时候，他们几乎对所有事情都感兴趣，因此，生活中有很多事情都会成为他们非常好的游戏。例如，下雪的时候和孩子去堆雪人；下雨的时候和他去挖渠道。记得有一年冬天，我和卡尔一起建造了一座神秘的城堡，用泥沙和石块搭成城堡的大概模型，用积雪做城墙。我们还在里面堆了雪老虎、雪狮子，虽然它们似像非像，但却妙趣横生。当时卡尔的手脚都冻麻了，但他仍然乐此不疲，如痴如醉。

卡尔小时候最爱玩的一种游戏就是搭房子，这个游戏对开发小孩子的方位感是非常有益的。在游戏中，他逐渐认识了前后、左右、上下、中间、旁边等空间方位，逐渐形成了高矮、长短、厚薄、轻重、大小等观念。不仅如此，在搭房子的过程中，卡尔还学会了有计划、有步骤地进行"工作"，先搭哪里，再搭哪里，他一般想好了才开始动手，这也正是他痴迷"设计"房子的乐趣所在。

在搭房子的过程中，孩子必须要手脑并用，这不仅使他们的肌肉得到了锻炼，手眼得到了训练，还能大大增强他们的动手能力呢。俗话说心灵手巧，孩子的手巧了，潜力自然会发挥得更充分。

　　每当卡尔玩这种搭房子的游戏时，我都要主动给他帮忙。例如，我引导他对要搭建的房子充分地想象，想象得越具体越好。有时我还为他提供纸和笔，鼓励他画出要搭建的房子的大概样子，这不但有利于游戏的顺利进行，还能充分发挥孩子的形象思维能力呢！

　　有人认为像创造力这样的能力孩子长大后自然会具备，其实这完全是一个谬论，孩子的各种能力应该从小就进行培养。事实上，当一个孩子开始懂得玩耍时，说明他的创造力就已经萌芽了。

第 四 章

夸奖孩子的妙处及窍门

① 信心的源泉

孩子的信心从何而来？来源于父母有效的夸奖。孩子需要夸奖，需要鼓励。"夸"不仅仅表明了父母的信心，同时也坚定了孩子的信心。只有孩子对自己充满了信心，父母才能培养出优秀的人才。

卡尔刚开始学习写作的时候，对自己一点儿信心也没有。当他战战兢兢地把他写的第一篇文章拿给我看时，我看出来了，他非常担心，像是等着我批评他似的。说实话，他写的第一篇文章的确一点儿都不好，不但问题没有交待清楚，而且句子写得也不完整，更重要的是，里面有好多错别字。

看着卡尔那忐忑而又有一些期盼的目光，我知道我不能简单地评价一句"不好"，我应该给他更多鼓励。于是，我对他说了一句令他出乎意料的话："卡尔，你的这篇文章写得真不错，毕竟这是你第一次的作

想让孩子自信，就要时时鼓励他们

品，爸爸第一次写的文章比你的糟糕多了。"

听我这样说，卡尔的眼中闪烁出兴奋的光芒。

之后卡尔又把他写的第二篇文章给我看，与第一篇简直有天壤之别。

不管是对于大人还是孩子来说，自信都是信心的基础，没有自信，何谈信心？而要让孩子具备自信，家长的鼓励是最实用的方法。

何谓自信？简单来说就是自己相信自己。无论做什么事情，对于缺乏自信的人，必然一事无成。反过来说，一个人如果对自己充满了信心，对他做的事情也充满了信心，那么无论他做什么事情，都会百折不挠。

要想孩子对自己充满信心，父母就要时时鼓励他们，时时给他们动力。

时至今日，人们都知道卡尔是个自信的人，但我想说的是，任何人的自信都不是天生的，其实，卡尔小时候也有过不自信的经历。

记得卡尔5岁那年，由于他在唱歌方面有一定的天赋，我打算把他推荐给唱诗班的威勒先生，并请他多给卡尔一些指导。

威勒先生是教堂唱诗班的负责人，也是成员们的音乐教师和指挥。他很高兴我能将卡尔送到他那里接受训练，并答应我会好好教卡尔。

作为父亲，我在为卡尔安排一件事情之前，都会先征求他的意见，这次也不例外。

当我把我的想法告诉卡尔之后，卡尔显得有些为难，他觉得他不适合这种活动，对此，他给我的理由是，他怕影响学习。

我知道，这只不过是卡尔用来敷衍我的一个理由罢了，他不想去唱诗班的最大原因是，他对自己没有信心，觉得自己唱得不够好。

在我的再三劝说下，卡尔终于答应去试一试。按照惯例，每个要加入唱诗班的孩子都必须通过考核，于是，威勒先生把对卡尔的考核安排在了一个星期日的下午。

那天教堂的人特别多，除了唱诗班的孩子们以外，还有许多刚做完祷告的人们。

威勒先生简单向大家介绍了一下卡尔，便让卡尔为大家演唱，而他自己则坐在风琴前为卡尔伴奏。

然而，伴奏声响起了很久，卡尔却迟迟没有张口。他低着头站在大家面前，看起来紧张极了，我请威勒先生暂停后，把卡尔叫到了一旁。

我问他：“卡尔，你为什么不唱呢？”

卡尔低着头回答：“我怕我唱不好。”

“你还没开始唱呢，怎么就知道自己唱不好呢？”我鼓励卡尔道，“你知道威勒先生为什么把你的考核安排在星期天吗？就是因为他早就知道你唱歌很棒，而且在音乐方面很有天赋，所以才让你在大家面前表演的。威勒先生曾单独对我说，如果你能参加唱诗班，唱诗班的整体歌唱水平会提升一个档次呢！”

听我这样说，卡尔立刻来了精神，跃跃欲试地问我：“真的吗？”

那天，卡尔再次站到大家面前时显得自信多了，而且唱得非常棒。

卡尔之所以出现前后如此大的变化，毫无疑问，是我及时给他鼓励的结果。

这件事情也从侧面给了我们做家长的这样的启示，当孩子表现得不自信时，千万不要斥责他，那样更不利于他们自信心的建立。例如，我看到卡尔的文章很糟糕时，便立刻否定他，批评他

"笨"，甚至是"蠢"，这不但会伤了卡尔的自尊心，而且还会让他觉得自己一无是处。那恐怕他之后不但写不出像样的文章，甚至拿起笔来都觉得可怕呢！

鼓励孩子并不意味着永远说孩子好

当然，鼓励孩子并不意味着永远说孩子好。在孩子成长的过程中，很多事情他们做得不尽如人意也是正常的，这时，父母就要根据他们的行为区别对待。例如，当卡尔得了"优"时，我自然会夸奖他一番，这会大大增强他的自信心；但如果卡尔得了"良"或者"中"，在夸奖他的同时，我会引导他找差距，至少应该帮他找到进步的方向。

当然，生活中有些孩子也许确实表现得很差，父母千万不要让孩子产生自己正面临世界末日的感觉，而要多帮孩子找一找原因，找到孩子身上的闪光点进行夸奖。孩子越是表现得差的时候，父母越不能让他对自己失去信心。

所有的人都是这样，有成功，也有失败，而且失败总比成功多。父母要保持一颗宽容的心，孩子失败了，父母绝不能说"早知道你不是成才的料"之类的话，而是要给他更多鼓励，帮他找失败的原因，帮他从失败中走出来。

② 孩子的天赋是方方面面的

任何一个孩子都是有天赋的，而且每个孩子的天赋都是方方面面的，父母要善于发现孩子的天赋并培养其对应方面的才能。当孩子刚刚在某些方面表现出特长时，父母要及时对其表示肯定并表扬，这样孩子的天赋才能最大程度地发挥出来。

其实，从某种角度来说，孩子的潜能能否发挥出来，关键不在于孩子，而在于父母，在于父母能否用正确的教育方法来教育孩子。

每个孩子身上都有长处，也有短处，父母的职责就是帮孩子扬长避短，让孩子的潜能得到最大的发挥。

（1）孩子的音乐才能

孩子对音乐的敏感和兴趣是天生的，优美的音乐可以使他的大脑得到有效的训练。如果一个孩子从小对音乐很着迷，例如，他们会随着音乐的节奏舞动身体，这说明这个孩子有很高的音乐天赋。这时父母就应该为他

孩子对音乐的敏感和兴趣是天生的

提供更多的"音乐奖励"。例如，当孩子表现好时，父母就可以这样对他说："看你今天表现得如此乖，那就奖励你听半个小时的音乐吧！"

（2）孩子的绘画才能

小孩子的绘画才能是从辨别颜色开始的，当父母发现孩子对颜色很感兴趣时，例如，他们经常在墙上涂各种各样的颜色，收藏一些色彩艳丽的糖纸……这说明孩子的绘画才能已经表现出来。这时，父母就应该给他购买画笔、颜料和纸，以鼓励他画画的兴趣。

当然，父母还应该经常带孩子去观察大自然，大自然的色彩对孩子也有很强的吸引力呢！

对于有绘画才能的孩子来说，这些都是父母对他们的奖励，而且这对开发孩子的天赋有很大的帮助。

如果孩子对绘画感兴趣，父母要多鼓励

（3）孩子的语言天赋

孩子的语言天赋表现为爱背诵，爱说话，爱讲故事。说话早的孩子语言天赋会更高一些。孩子的语言天赋并不是天生的，更多是通过后天训练而形成的。父母经常与婴儿"说话"便可以开发孩子的语言天赋，尽管那时的孩子还不会说话，但至少可以激发起他对语言的兴趣。

语言能力是人的一种基本能力，因此，父母要着重开发孩子的这种能力，生活中，给孩子更多说话的机会。当然，如果孩子发音不准、用词不当，父母也绝不能讥笑他们，而应该委婉地引导他们，并给他们相应的鼓励。

对于孩子来说，说错话是正常的，只有在错误中不断改正、不断练习，孩子的语言能力才能得以提高。

（4）孩子的想象和创造天赋

生活中，很多孩子的大胆想象常常不能被父母认同，在很多父母看来，孩子们的一些奇思妙想是荒谬的，甚至是不能接受的。

实际上，孩子的想象力和创造力正是被父母们那种条条框框的思维给扼杀的。

由于我对卡尔有意地鼓励和引导，他的想象力越来越精妙，越来越发达了。

有一天，我的一位老朋友来我家做客。他看见卡尔正在用蓝颜色画一个大大的圆圆的东西。

他问卡尔："孩子，你画的是什么啊?"

卡尔回答道："是一只大苹果。"

朋友说："可为什么要用蓝色呢?"

卡尔回答："我认为应该有蓝色的苹果。"

看到这里，朋友对我说："好朋友，你是怎么教孩子画画的?他竟然把苹果画成蓝色，难道你不应该告诉他，他画错了吗?"

听完朋友的话，我也很惊讶，说："我认为他画得很好呀! 现在这个世界上是没有蓝色的苹果，但谁也不敢保证以后不会有呀! 卡尔能够画出一个蓝色的苹果，说明他想象力很丰富，创造力也很不错。当然，也许这并不是最重要的，最重要的是，关于苹果是什么颜色的，我想，当他吃苹果时，他自然会明白的。"

孩子的创造力就是在父母的不断夸奖和鼓励中形成的。如果我们总是用大人的标准去要求孩子，那也许孩子的一行一动都不会符合我们的标准。如果我们总是用我们的标准要"纠正"孩子的行为，那孩子的创造力就会这样不知不觉地消失了。

好奇心是孩子创造的源泉

卡尔小时候，我经常看到他趴在地上聚精会神地观察蚂蚁搬饭粒，每当这个时候，我绝不会去打扰他。不但如此，当他对我讲述观察结果时，说那只蚂蚁如何如何的力大无比，说那只蚂蚁是如何把饭粒拖到洞里去……我还会真诚地表扬他观察细致呢！

好奇心是孩子创造的源泉。我们的夸奖和鼓励可以使孩子的好奇心更强。我经常带卡尔去观察大自然，引导他观察花鸟虫鱼，引导他观察星星、月亮，引导他观察电闪雷鸣、阴晴雪雨……我之所以这样做，是为了鼓励他不停地提问，进而保护和激发他的好奇心。

③ 教儿子学会面对失败

我们都知道，人的一生总会遇到许多次失败，因此，面对失败便成了我们每个人必须做的事情。对于小孩子来说，是否敢面对失败以及如何面对失败，常常决定着他们长大后是否幸福。

很多孩子遇到一两次的失败，便产生了心理压力，对自己丧失了信心。这样一来，本来能做好的事情也做不好了。

更可悲的是，当孩子对自己丧失信心时，父母不但不及时给予鼓励，反而责备他们"笨""蠢"，这样的结果便是：孩子的心理压力越来越大，更没有勇气面对失败了。

教会孩子面对失败是父母的责任

在我看来，当孩子失败之后，引导孩子勇敢地面对失败，帮他们找回自信，是父母的责任。

那么父母怎么做，才能让孩子勇敢地面对失败呢？

我的经验是：父母要宽容，要允许孩子失败，这样孩子才有勇气，也有力量从失败中走出来。

有一次，我为卡尔和他们的小伙伴组织了一次射箭比赛。这些孩子都是第一次玩射箭的游戏，但令我惊叹不已的是，其中几个孩子的射技非常棒，他们在这方面拥有很高的天赋。

可在那次比赛中，一向聪明的卡尔却表现得很不好，他不但没有射中靶心，而且所有的动作都表现得笨手笨脚。看到其他的小伙伴一次又一次地射中靶心，卡尔有些泄气了。

卡尔是个很要强的孩子，我知道这样的结果让他很伤心，趁别的孩子没注意之际，我把他叫到一旁。

我关切地问："卡尔，你是不是在为自己的落后而难过？"

卡尔没有正面回答我的问题，而是问我："爸爸，你说我是不是很笨？"

我耐心地安慰他："你怎么会这么想呢？每个人都有自己的长处，也有自己的短处，生来便十分完美的人是不存在的。但如果你能多练习几次，我想你的射击技术会一次比一次厉害的！"

卡尔仍然心灰意冷地说："可是，爸爸，我刚才已经试了好多次，每次都射不中，我想，我是永远都不会超过他们了。我现在一摸到箭甚至都有些害怕。"

我很高兴卡尔能把他的感受告诉我，这使得我能够更好地引导他："你在害怕什么呢？"

卡尔想了想，回答说："我害怕自己射不准，但越是害怕，我越是射不准。"

"这就是问题的关键所在！在我看来，你射不准并不仅仅是因为你的射技不好，很大一部分原因是你的心理在作怪。如果一个人还没开始做一件事情就担心自己做不好，我想，他是无论如何也做不好这件事情的。你觉得呢？"

卡尔在思考。

我继续引导他："其实，你根本没有必要害怕，这只是一个游戏，谁胜谁负是没有关系的。再说了，任何一种技能都可以通过练习得到加强，你这次没射准，并不意味着你永远射不准。"

卡尔终于开窍了，他长舒了一口气，像是把刚才的心理压力都吐了出来，然后一身轻松地继续去比赛了。

真没想到，这一次奇迹真的发生了，接下来，他竟然连续三次都射中靶心了。

为什么卡尔突然之间从一个根本无法命中目标的"门外汉"变成了一个优秀的小射手了呢？我想，根本原因在于我引导他释放了心理压力，使他认识到谁胜谁负都没有关系。

对于孩子来说，失败并不可怕，可怕的是他们害怕失败的心理。

事情还没开始，如果孩子就害怕失败，这不但注定他做不好事情，而且久而久之，还会使孩子排斥参加比赛类的活动。这对孩子的性格形成以及人生发展都是极为不利的。

无论卡尔做什么，只要不做有损于他人和他自己的事情，我都会尽力去支持他，鼓励他去尝试。我认为，只有孩子拥有一颗不怕失败的心，他的人生才能更加精彩。

④ 夸奖的秘密

如何夸奖孩子是有秘密的，这个秘密是什么呢？

一般来讲，它可以总结为这样几点：

（1）忽视坏行为，夸奖好行为，使孩子的好行为成为一种习惯

在对卡尔进行教育的过程中，我发现，我们的夸奖能使他的良好行为不断重复，进而成为一种习惯。

在生活中，类似的情况非常常见：一旦孩子表现出不良行为，如打架、偷东西、撒谎……父母一怒之下便训斥他们、打骂他们。实际上，父母这样做非但解决不了问题，还会产生很大的副作用。

多数父母这样认为，对孩子的坏行为盯得紧一点儿，一旦他表现出坏行为，就对其进行惩罚，这样可以制止孩子的不良行为发展下去。其实，对于年龄稍小的孩子来说，有时惩罚也是一种奖励，因为他们会把父母的惩罚行为理解为父母对他的关注和重视。这也正是很多孩子坏行为不断、总爱搞恶作剧的原因。

事实就是这样的，父母关注什么行为，这种行为便会逐渐成为孩子的习惯。因此，我们应该多关注孩子的好行为，对好行为给予及时、恰当的表扬和鼓励；对孩子的坏行为采取冷处理，不去关注它，让它在孩子身上没有继续出现的机会。

孩子的年龄越小，父母的关注和夸奖越有效。因此，在孩子年龄非常小的时候，父母就有意夸奖他们的好行为，孩子就更容易养成好习惯。

（2）夸奖应针对孩子的具体行为，而不是泛泛进行

很多父母也表扬、夸奖孩子，但很多时候，他们的夸奖对孩子是没有效果的。例如，当孩子某天表现得非常出色时，父母常常这样夸奖他们："你真是个好孩子！""你真棒！"我常常把类似的行为称为泛泛的表扬，这种泛泛的表扬起不到使孩子的好行为重复出现的作用，也许孩子还不知道自己为什么会得到表扬呢！

但如果父母总是表扬孩子的具体行为，那结果就不同了。例如，父母这样对孩子说："你今天主动帮妈妈做家务，让妈妈感觉很轻松，你真是个好孩子。"听到这种具体的表扬，孩子今后还会继续帮妈妈做家务。

这就是具体的表扬所产生的神奇的效果。

（3）重情感夸奖，轻物质奖励

我经常通过两种方式对卡尔进行夸奖：一种是情感方式，一种是物质方式。我的经验是：情感夸奖往往比物质奖励更有效。

所谓情感夸奖，就是以情感的方式对孩子进行奖励。例如亲吻他、拥抱他等。

我常常把物质奖励作为情感夸奖的一种补充，例如，当孩子表现好时，除了亲吻他，额外再给他一块小点心。卡尔每次得到这样的奖励总会欢欣鼓舞，并不在乎奖励的多少。

在对卡尔进行教育的过程中我总结出了这样的经验：当孩子比较小时，采用情感夸奖的方式对他进行夸奖就足够了，物质奖励只有在特殊情况下才会用到。

（4）不能随意夸奖

我主张用夸奖的方式教育孩子，但我对卡尔的夸奖并不是随意的。如果父母的夸奖太随意，那孩子就会搞不明白我们为什么要夸奖他。我总是在卡尔表现出好行为时才夸奖他，当然，关于

为什么要夸奖他，我也会详细地告诉他。

每当卡尔开始使用新的且令人满意的方式做事时，我都会及时给他奖励，这对培养他的良好行为非常重要。但当他学会了那些新行为，并不断使用它时，我并不是次次都对他进行夸奖。过于频繁的夸奖对他没有太多好处，偶尔为之，更能让他感动意外。

在此，我想给已经为人父母的朋友提个建议：**不要总是因为孩子的不良行为而教训或打骂孩子，而应该更多地去发现孩子的长处。**对于那些个性强、精力旺盛的孩子更应如此，他们不希望自己的行为受到别人的束缚，如果父母总能发现他们的长处，并总能对其进行夸奖，那他们一定会变得听话起来。

第 五 章

千万不要小看你的孩子

1 让"家规"深入孩子的内心

对于孩子的教育，我一直认为"小时候宽，长大后严"的观点是不科学的。

卡尔小时候，我带他去拜访另一个教区的 E 牧师，并在他家住下了。

第二天吃早点时，卡尔不小心弄洒了一点儿牛奶。按照我们家的规矩，弄洒了东西是要受罚的，因此他只能吃面包和水。

卡尔本来就喜欢喝牛奶，再加上 E 牧师全家非常喜欢他，为了他的到来，还给他特意调制了一种特殊的牛奶，并添上了最好的点心。这对他的诱惑简直太大了。

卡尔把牛奶弄洒之后，先是迟疑了一下，但最终放下杯子，不再喝了。

我故意装作没有看到他所有的动作。

E 牧师家的人看到这种情况，着急得很，多次劝他喝牛奶，可他就是不喝，还红着脸，十分不好意思地说："我弄洒了牛奶，所以不能再喝了。"

E 牧师还是热情地再三劝说他："没关系，只弄洒了一点儿，喝吧，喝吧。"

我在旁边吃着点心，假装没有听到他们的谈话，但卡尔坚持不喝。万般无奈之下，E 牧师的家人向我发起了进攻，认为是我训斥了卡尔，所以他才不肯喝牛奶的。

为了消除大家的误会，我让卡尔出去一会儿，然后向牧师全家说明了理由。

他们觉得我对卡尔的教育太严格了，于是批评我："一个小孩子犯了一点儿小错误，便禁止他吃他喜欢吃的东西，这太不公平了。"

我只得费尽口舌继续解释："不，并不是我不让他喝的，而是他自己坚持不喝的，因为在他心中，弄洒了东西就是不能再喝牛奶的。能够做到这一点，完全是因为他的自我约束能力。"

在听了我的解释后，E牧师全家还是不相信，于是我决定做一个实验，以让他们看到事情的真相。我这样对他们说："现在我们做个实验，我先离开这个房间，你们再把卡尔叫来，劝他喝牛奶，看他喝不喝。"

说完，我离开了那个房间。

这时，E牧师全家把卡尔叫进屋，热情地请他喝牛奶、吃点心，但卡尔还是直摇头。

不仅如此，他们还诱惑卡尔说："我们不告诉你爸爸，吃吧！"

但卡尔丝毫没动心，一直摇着头说："尽管爸爸看不见，我也不能做撒谎的事。"

E牧师说："我们一会儿要去郊外散步，你什么都不吃，途中会挨饿的。"

卡尔回答说："不要紧。"

实在没有办法了，他们只好把我叫进去，卡尔流着泪向我讲述了刚才的事情。

我听完后，冷静地对他说："卡尔，你对自己的惩罚已经够了。因为我们一会儿要去散步，为了不辜负大家的心意，你把牛奶和点心吃了吧。"

就这样，卡尔才高兴地把牛奶和点心吃了。

小卡尔有如此的自控力，E牧师全家对他都很敬佩。

很多父母认为我对卡尔的教育过于严格了。我不否认，与很多家庭相比，我的教育在某种意义上确实是严格的。但有一点我要说明，我的严格并没有让卡尔感觉到痛苦。因为我对卡尔的严格教育在他很小的时候就开始了，卡尔已经习惯了，并不会因为那些严格的"家规"而感到痛苦。

事实上，我对卡尔的严格早已在不知不觉中转变成了他对自己的严格要求。我时常告诫他，能约束你的行为的人只有你自己。

卡尔从很小的时候，很多好的行为都已经形成了一种自觉。例如，卡尔从来不撒谎，并不是因为害怕我知道后惩罚他，而是因为他发自内心地认为撒谎不对。

我对卡尔的严格要求已经转变成了他的自控力。作为他的父亲，这一直是我努力想达到的结果，让一切好的、美的、崇高的东西在儿子身上成为一种本性，一种自觉。

让卡尔从小就具备这样美好的心灵，是我的责任。

② 不要以为孩子太小就不懂得道理

父母想要把孩子培养成诚实和正直的人，必须在孩子小的时候，就对他进行严格教育。

小孩子总会撒谎，但撒谎的原因有很多，有善意的撒谎，也有恶意的撒谎。

我认为，孩子的撒谎很多是善意的。例如，当他们做错事后，为了逃脱父母的责怪，他们会撒谎。针对这种情况，**父母应该细心地了解孩子的内心世界，首先应该知道他们撒谎的原因，然后采取合理的方式去教育他们。**

不要以为孩子太小就不懂得道理，千万不要小看他们，他们能够懂的。

卡尔两岁的时候，有一次不小心打翻了餐桌上的一个水杯。当时我和他的母亲都不在场。他的母亲回来发现餐桌被弄湿了，而卡尔的水杯也空了。于是问他："小卡尔，是你弄翻了水杯吗？"

卡尔一个劲儿地摇头否认。

母亲看着他机灵可爱的样子忍不住笑了起来，明知道是儿子弄翻了水杯却没有责备他。

晚上我回家后，妻子把这件事告诉了我。

我仔细想了想，觉得很有必要与卡尔谈一谈。

我严肃地问他："儿子，今天是你弄翻了水杯吗？"

卡尔仍然摇头否认。

"卡尔，我希望你能对我说实话，无论是不是你干的，你都应该说实话。虽然我和你的母亲都没有见到，但上帝会看见的。"我板着脸说，"我和你母亲，还有上帝，都不喜欢撒谎的孩子。"

后来，卡尔低着头承认是自己干的。我没有再责怪他。

很多父母认为孩子小小的谎言没有什么危害性，有时甚至觉得他们说谎时的样子很可爱。我却不这样认为。因为撒谎一旦成了孩子的一种习惯，就会成为孩子长大后罪恶的源泉。到那时父母再想去改变它，就会难上加难。

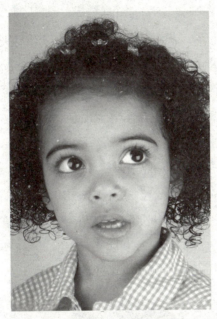

孩子养成了说谎的习惯，父母再要改变就会难上加难

认识卡尔的人都会说他是一个诚实的孩子。我想儿子唯一的"谎言"就是否认他打翻了那个水杯。

在此之后，卡尔也做过很多错事，但无论什么样的错误，他都会勇于承认。至今，我还从没有听卡尔再说过谎话。

③ 以身作则先尊重孩子

有一次，卡尔想吃一块点心。我没有给他，因为我们刚刚吃过晚饭，过多的吃喝会影响他的健康。没想到，当时还不到两岁的他竟然发起脾气来，躺在地上大哭大闹。他的母亲看不过去了，只得答应他的要求，拿着卡尔想吃的那块点心说："好啦，卡尔，给你一块美味的点心，快起来吧。"卡尔的哭闹取得了胜利，他得到了那块好吃的点心。

当时，我并没有说什么，但我认识到，卡尔的哭闹是一种对父母权力的挑战，在这种挑战中，卡尔取得了胜利。

我觉得在这种挑战中，父亲不应该纵容孩子，因为这种纵容会酿成恶果。孩子小时，这种恶果看不出来，但如果父母始终以这种方式对待他的话，那等他长到十四五岁时，他就会变成一个蛮横无理的人。

不要让孩子认为通过哭闹可以获得他想要的东西

小时候，他知道通过哭闹可以获得他想要的东西，以后他还会哭闹。长大后，再想获得他想到的东西，他就不仅仅是哭闹了，那时他的无礼也不仅仅是针对他的母亲了，他会针对一切人，以更加无礼的方式来满足自己的要求。

我把这其中的道理讲给我的妻子听，她也非常认同我的观点。

所以，从那之后，我们家没再发生类似的事情。即使卡尔再哭闹、再打滚，我们也不会给他他想得到的东西。因为我要让他知道，哭闹是没有用的。

有一次，一位邻居给我讲述有关他儿子的一些情况，他不知道该如何教育他的儿子了。

他垂头丧气地对我说：

我的儿子小时候淘气得很，常常把家里搅得一团糟，有时他的脾气一上来，甚至连我和我的妻子也不放在眼里。妻子认为儿子还小，便没有过分管教他，认为他长大后会变好的。

但事实完全不是这样的，他长大后变得更加坏了，不但脾气暴躁，而且贪婪自私、自以为是。他做错了事，还常常表现出一副厉害的模样，我们都不敢管他。现在他已经 12 岁了，此时的他就像一匹脱缰的野马，我们跟本就管不了他了。

这位父亲想寻求我的帮忙，但面对这样的情况，我又能做些什么呢？

人与人之间的尊重是相互的，要求孩子尊重父母，父母首先应该尊重孩子。而且在孩子很小的时候，就应该让他养成尊重他人的习惯。

一味地纵容孩子并不是爱孩子，而是不尊重孩子的一种表现。作为父母，如果希望把良好的品德传授给孩子，就必须从小培养孩子，让他养成尊重他人的好习惯。

怎么培养孩子尊重他人的好习惯呢？

首先父母要以身作则。希望孩子拥有什么样的美德，父母首先应该具备什么样的美德。

其次，父母在教育孩子之前，应该搞清楚什么是对的、什么是错的。

另外，还必须想清楚，要用什么样的方式来对待孩子的过失。

希望孩子尊重他人，父母要首先尊重孩子

面对卡尔的过失，我是这样对待的：如果他不小心撞翻了桌子、打翻了杯子或是弄坏了我的东西，这些事并不是无理取闹，他只是行为鲁莽了一些，但并没有向我挑战的恶意，在这种情况下，我一般不会责怪或惩罚他，只是提醒他一下，以后要小心一些。

但如果卡尔为了引起我的注意，或者因为某些事情我没有顺从他的意思而向我挑战时，我一定会采用一些办法来阻止和惩罚他。

幸运的是，这种无理取闹的行为在卡尔身上并不常见。因为在他很小的时候，我就以身作则尊重他，所以，他尊重我也是自然的事情。

4 等他长大后就不会听你那一套了

提到孩子的责任心，很多父母会这样认为：孩子那么小，懂得什么责任心？等孩子长大后，他自然就会具备责任心了。

但我要毫不客气地提醒有这种想法的父母，这种想法是极其错误的。

在孩子小的时候，很多父母没有想过要培养孩子的责任心，也从没对这个问题给予过重视。他们认为，孩子就是孩子，即使你给他讲责任，他也不会听你那一套的。但等孩子稍大一些，当他们发现孩子丝毫没有责任感时才后悔不已。我要说的是，父母们那时才感到后悔已经晚了。

孩子小的时候就要培养他的责任心

一个没有责任感的孩子，会因为找不到自己在家庭或社会中的重要性而感到迷茫，从而做什么事情都没有动力，容易被那些浮躁的事物吸引，从而沉迷其中。

在我们家，我们一直让卡尔充当一些有意义的角色，时刻让他感到他对我们、对整个家庭是有贡献的、是很重要的，以此来培养他的各种能力和信心。

在卡尔的不同年龄段时，我和他的母亲经常安排一些力所能力的事情让他做。比如让他分担一些家务，扫扫地、擦擦桌子、为花草浇浇水等。当然，我们并不是强迫卡尔去做这些事情的，而是平等地跟他沟通，给他讲明做这些事情的意义，他是非常乐意做这些事情的。

正因为如此，在这个过程中，卡尔学会了关心他人、体贴他人。

我经常听到他问他的母亲："妈妈，你怎么了？为什么不高兴呢？"一个孩子能问出这样的问题，说明他已经学会关心父母了。

当然，这时父母的回答也是非常重要的。面对孩子类似的问题，很多父母常常这样回答："没什么不高兴。""大人的事，你不懂。"或者以为家里的事与孩子无关，久而久之，就会给孩子留下这样的印象：家里的事与我没有什么关系，我只要不惹麻烦，衣来伸手，饭来张口就可以了。

我不喜欢这样的父母，因为他们的做法会让孩子失去最基本的责任感。

5 对待孩子，行就是行，不行就是不行

教育孩子，父母必须坚持原则，行就是行，不行就是不行，无原则是教育孩子的大忌。

在卡尔两岁的时候，我便开始从生活的细微之处培养他的良好生活习惯。例如，我告诉他，盛入自己碗里的饭必须吃光，我这样做是为了培养他的节俭意识，同时是为了磨炼他的意志。另外，吃饭时不准吃水果或点心，不管他有多么想吃，都必须等到吃完饭后。

正是由于我和他母亲始终如一的反复训练，和动之以情晓之以理的教育，时间久了，卡尔就把我定的那些规则当成自己的本分了。

当一个孩子能把遵守规矩看作是自己的本分时，他是很容易具备优秀的品质的。

所以，要想孩子做到这一点，父母必须也要做到言行一致、赏罚分明。如果你事先与孩子定好了规矩，就要认真对待，绝不能出尔反尔。

有一次散步中，我发现了一件令人深思的事情。

在散步的路上，邻居史密斯太太发现女儿把裙子被弄脏了，立刻生气地冲着女儿大声责骂。伤心的女儿被她骂哭了。

但看到女儿委屈地大哭之后，她又马上给了女儿一小块点心，女儿才破涕为笑。

这时，我禁不住问史密斯太太："你为什么责骂女儿呢？"

"她总是弄脏自己的裙子。"史密斯太太这样回答。

"可您为什么又给她一块点心呢？是为了表扬她的行为，还是为了给她受责骂的补偿？"

史密斯太太哑口无言，不知应该怎样回答我。

对孩子的惩罚要有原则，否则只会让孩子感到困惑

我估计，当时那个小女孩也被搞糊涂了，她不明白母亲为什么责骂她，更不明白母亲为什么责骂她之后又给了她一块小点心。可以说，在家庭教育中，这是最失败的教育了，孩子连为什么受罚都不知道，又如何变得更完美呢？

我对卡尔的惩罚，一向是讲究原则。我一定要让他心服口服，否则惩罚便起不到应有的效果。另外，在惩罚他之前，我一定会告诉他我为什么要罚他，是因为我们之前有约定，所以他犯了错误就一定要受罚。例如，在我们家有这样一个规定：早上必须按时起床，否则早餐时间一过，我们就会把早餐收走。

有一次，卡尔起床太晚了，超过了我给他规定的时间。当他来到餐桌前时，我们早已经收拾好了一切，并把早餐收走了。没办法，他违反了规定，那天上午他只能饿着肚子了。

看到这里，很多父母会说："小孩子不吃早餐会影响身体健康的。"但我要说的是，在当时的情况下，吃不吃早餐对卡尔已经不重要了，重要的是，我们必须让卡尔知道，我们之前的约定是认真的，是必须遵守的。

当然，对于任何一个小孩来说，一顿早餐不吃是不会影响身体健康的。事实正是这样，有了那次教训，卡尔再也没有赖过床。

⑥ 自己的事自己解决

卡尔两岁多时就主动帮助他母亲收拾桌子。有时，我们家来客人，客人看到卡尔收拾桌子，便对他说："卡尔，小心，别把它打碎了。"说着便要走过去帮忙，但我总是阻止他们："没关系的，卡尔会把它们收拾好的。"

比起盘子，让孩子的能力得到发展
更加重要

我知道客人是好心，但他不知道，如果我一直不允许卡尔去碰那些盘子，或许那些盘子会一直保持完好，但那种"不允许"便会在卡尔的自信心上留下阴影，而他的很多能力也极有可能不能尽快地得到发展。

在生活中，也许每个家长都遇到过这样的情况：让孩子做一些事情，他们总把事情做得很糟糕，比我们自己动手麻烦多了。

我们也经常遇到这样的情况，但即使这样，我们仍然坚持让卡尔自己动手去做。

卡尔刚开始自己穿衣服的时候，也经常把衣服穿反。但我和他母亲从不嘲笑他，更没有责骂过他，因为我们不能让他觉得自己很无能。当时我们做的只是——耐心地、一遍又一遍地教他。

我们还鼓励他收拾房间，当然，当时年龄非常小的他把房间"收拾"得一团糟。但这有什么关系呢？对于我们来说，房间整洁不整洁已经不重要的，卡尔开始动手为我们分担家务了，这已经足够了。

当卡尔犯了错误，或者做一件事情没有做成功的时候，我们从不用语言或行动强调他的失败，因为我们知道，这会让孩子产生强烈的无能感和挫败感。作为父母，我们应该懂得，**孩子做事情失败了，只能说明他缺乏经验或技巧，没有掌握好，并不证明他本身没有能力或消极对抗**。在这个时候，父母有责任耐心地指导他，直到他掌握了经验和技巧。

不管是大人还是孩子，任何人犯了错误都不可怕，也并不重要，重要是我们在错误中收获了什么。是向错误和失败低头认输，还是吸取教训、勇敢地去面对并改正错误？我想，这才是做父母的重点要教给孩子的。

第六章

什么样的教育才不会损害孩子

① 严格并不等于专制粗暴

每当我要求卡尔必须做一件事情时，都会清清楚楚地告诉他做这件事情的必要性，让他知道那是他的分内事，引导他主动去做，而不是强迫他去做。

一天下午，卡尔在外面兴致勃勃地模仿古代骑士。他把一根长长的棍子当成宝剑，和虚拟的强盗作战。只见他一会儿刺，一会儿砍，真把自己当成英雄了。我常鼓励卡尔这样做，因为这不但有利于发展他的想象力，还能锻炼他的身体呢。

就在卡尔"杀"得正起劲之时，意外发生了。原来，在"战斗"中，卡尔不小心将邻居家花园里的一束花砍倒在了地上，花瓣和枝叶落了一地。卡尔愣在了那里，有些不知所措了。

这时，邻居家的房门紧闭，没有人发现这件事。正当卡尔转过身要逃走的时候，我叫住了他。

卡尔知道他无法逃脱责任了，便慢吞吞地朝我走来。

我严肃地问他："你犯了一个错误，你自己知道吗？"

卡尔低着头，小声地回答："知道。"

我继续问："那你知道接下来该怎么做吗？"

卡尔犹豫了一下，摇了摇低垂的头："不知道。"

"那爸爸告诉你，卡尔，你应该立刻去拜访邻居，主动承认错误。"

卡尔有一些不情愿："可是，爸爸，我不是主动弄坏那束花的。"

我知道，我必须把道理给卡尔讲清楚，否则他一定觉得我在强迫他："卡尔，你要记住，人们犯下的错误，多数都不是有意为之的。但既然错误已经犯下了，那我们就要为自己的行为负责。虽然邻居没有看到你伤害他的花，但你确实伤害了他的花，这是事实。所以，你应该去道歉，人不能伤害了别人就逃之夭夭。你不是喜欢英勇的骑士吗？你应该像他们一样勇敢……"

"爸爸，我明白了。"卡尔像一个真正的骑士那样敲开了邻居的房门。

第二天，我碰见邻居。邻居根本没有提起花被损坏的事。他只说了一句话："威特牧师，您儿子是个诚实的人。"

卡尔崇拜古代的那些英雄骑士，我就用骑士来激励他承认自己的错误，对于小孩子来说，这是一种非常有效的方法。因为这不但使他觉得道歉并不像他想象得那样难为情，而且还会让他明白，人犯了错误，不管是有意还是无意，都要为自己的行为负责。

在孩子成长的过程中，他们会经常在无意间犯下错误。但面对孩子的错误，很多父母惯用的做法就是对孩子大嚷大叫，强迫他承认错误。例如，同样是弄坏了邻居家的花，很多父母常常大声斥责孩子，强迫孩子去道歉。其实这种做法是很不明智的，因为这不但会伤害孩子的自尊心，还有可能把事态扩大化。

我常常把父母们的这种严格教育定义为专制教育，因为父母们在不知不觉中把自己变成了暴君，把孩子变成了唯命是从的懦夫。他们以为孩子不听话就应该以粗暴方式

面对犯错的孩子，父母要学会克制自己的情绪

对待他们，实际上，这种做法不但不能让孩子正确地认识自己的

错误，反而会使他们对父母产生怨恨。

我曾经听说过这样一件事：

有个孩子非常喜欢家里的一只羊，时常一个人牵着羊去山坡上玩耍，每当看到那只羊津津有味地吃着嫩嫩的青草，他就感到非常幸福。他时常将自己的心事或幻想的故事讲给羊听，在他心目中，那只羊就是他最好的朋友，他觉得跟它在一起非常幸福。

可是有一天，孩子在山坡上放羊时睡着了，当他醒来时，他的羊已经不见了。他焦急地找遍了整个山坡，都没有发现他的羊，他哭了，他真怕永远失去那个最好的朋友。

天快黑了，他赶紧跑回家，想让父亲一起帮他找回那只羊。但令他没想到的是，他的父亲不但没有帮助他，还把他暴打了一顿，并恶狠狠地把他推出门外："找不到羊，你就别再进这个家门……"

孩子伤心极了。他在黑暗的山里奔跑，他想不明白，父亲为什么会打他？难道在父亲心目中，他还不如一只羊重要吗？

很快他发现了他的那只羊，它正悠闲地吃草呢。

这时，这个被父亲暴打了一顿的孩子突然表现出了反常的行为，他没有像往常那样把羊抱起来，而是顺手从旁边捡起一块石头向它砸去……

"我讨厌你，因为你，父亲把我暴打了一顿……"孩子一边哭，一边用力地挥舞着手里的石头。

第二天，人们在山坡上发现了羊的尸体，而孩子永远没有再回家。

我们可以想象，当时那个孩子的内心有多么失望、多么心疼，他竟然亲手杀死了自己最心爱的朋友。

由此可见，父母的粗暴教育有多么可怕！它会在孩子身上留下永远不能磨灭的阴影，这种阴影会让一个原本很善良的孩子变成一个可怕的恶魔。

② 当孩子当众揭别人的短

俗话说，童言无忌。小孩子总爱有意无意地说错话，从而使得父母备感尴尬。每当这时，很多父母常常不顾场合地批评、指责孩子，甚至对孩子拳脚相加……生活中，这样的情况我遇到过很多，我要说的是，指责孩子的行为不礼貌，父母为什么不反思一下自己的行为是否礼貌呢？为什么不从自己的教育方式中找找原因呢！

安多纳德太太的儿子也叫卡尔，他比我的儿子卡尔大两岁，也是个非常机灵的小家伙。但附近的邻居都知道，这个孩子身上有很多不好的习惯，例如，欺负比自己小的孩子、揭别人的短等。

有一次，我在路上遇到了安多纳德一家。我友好地跟他们打招呼，并特意摸了摸大卡尔的头以示友好。

但大卡尔开口说的第一句话就让我吓了一跳。他说："威特牧师，你的脸色看起来好苍白呀，就像一具僵尸。"

说实话，由于连续几天感冒，我的脸色的确有些苍白，他说的没有错。

我当然不会因为一个孩子的话而生气，但在当时那种尴尬的情况下，我真的不知道说什么好了。

安多纳德太太听了儿子的话生气极了，令我惊讶的是，她竟然当着我的面给了大卡尔一巴掌，并大声地指责他道："卡尔，你怎么能这样跟威特牧师说话呢？简直太不礼貌了。"

我连忙上前劝阻，可大卡尔并没有意识到自己的错误，继续分辩说："我说的是实话，你看看他的脸……本来就很苍白嘛……"

"你还说，还说……我打死你……"

我想，当时安多纳德太太也尴尬极了，她只得一手挥着巴掌，一手拖着大卡尔，逃也似的离开了。

看着他们远去的背影，我感叹一声，大卡尔回家后肯定又会挨一顿毒打了！

我知道大卡尔喜欢揭别人的短，但我能感觉到，这一次他并不是故意的，他只是想跟我打招呼，表述他所看到的事实，但可惜的是，他用错了方式。例如，如果他这样对我说："威特牧师，您的脸色看起来不像往常那样红润，是身体不舒服吗？"

这种打招呼的方式就会令我很舒服，因为这不是在揭我的短，而是在向我传达一种关心。

我不得不说，安多纳德太太的做法就更不对了，她应该用一种大家都能接受的方式来缓和当时的尴尬氛围，而不仅仅是惩罚孩子。再说了，当着别人的面责打孩子，会对孩子的自尊心造成多大的伤害呀！

其实，我的儿子卡尔在成长过程中，也曾犯过类似的错误。

当卡尔对别人说了不礼貌的话时，我并不马上斥责他，而是先向对方道歉。我一般会这样对对方说："我儿子是从乡下长大的，所以刚才他说出那样的话，请您不要介意。"

在这种时候，卡尔肯定会意识到自己的话语有不合适的地方，稍后他肯定会问我。

等他问我时，我才耐心又详细地给他讲道理："你刚才说的那些话是事实，但当着别人的面那样说就不好了。谁喜欢被别人当众揭短呢？你没看到吗？听了你的话，那位彼德先生都羞红了脸了！如果是个大人那样揭他的短，他早就翻脸了，就是因为你是个小孩子，人家才不跟你计较的。"

有时卡尔也会反问我："可是我说的不是事实吗?"

我会进一步开导他："你说的是事实,大家都知道是事实,但你为什么要把它说出来呢?你没发现别人都是沉默不语吗?你不妨换一种角色想一想,你喜欢被人当众揭短吗?

"当然,我们也可以更进一步想象,如果大家都当众揭露别人的短处,那这个世界会变成什么样子呢?"

一般说到这里卡尔就能意识到自己的错误了,同时,他会从心底承认:当众揭露别人短处的行为是不正确的。

③ 不能错误地批评孩子

　　虽然卡尔在小时候犯了许多错误，我也常常因此而批评他，但我可以肯定地说，我从未有一次错误地批评他，而且每一次我都会让他心服口服。

　　比如，在某些时候，我突然发现儿子对学习的兴趣大为下降。这时，我的头脑中反映的信息不是"这个孩子不勤奋学习"，而是"卡尔怎么啦？他遇到什么问题或不愉快的事了吗?"

　　这时，我并不是马上去训斥他，而是等到一个合适的时机耐心地和他交谈。

　　一次，我发现卡尔捧着书保持了一个姿势很久，他表面看起来是在学习，实际上书好长时间没有翻动一页，他是在发呆。

　　等他休息的时候，我故意这样对他说："无论做什么事，只有专心致志才能达到最好的效果，如果三心二意，不但任何事情都做不好，还是在浪费时间和生命。"

　　听我这样说，卡尔红着脸小声地问我："爸爸，你看出我学习时走神了?"

　　我一本正经地点点头，然后问他："卡尔，你一直是个爱学习的孩子，可今天怎么突然发起呆来了呢？是不是在学习中遇到了困难?"

　　"不，爸爸……"卡尔想了很久后对我说，"我仍然很喜欢学习，我觉得学会更多的知识会让我产生更大的满足感，只是……"

　　我想，卡尔的内心中一定有什么自己不能解开的疑问，于是安慰他道："只是什么呢？没关系，告诉爸爸，爸爸会帮助你的！"

卡尔终于说出了心里话："爸爸，我突然感觉到很困惑，我学那么多知识到底有什么用呢？你想想看，学木匠活儿可以制作家具和建造房屋，学铁匠活儿可以制造炊具，可我学了那么的诗歌和外国语言又能做什么呢？难道只是证明自己博学吗？"

对于当时年龄还很小的卡尔来说，这的确是个难题，但同时也是我对他进行更深一层教育的好机会。

所以，我先肯定了他的行为："卡尔，你能问出这个问题，说明你是个爱思考的孩子。爸爸可以帮你解决这个疑问，你听我慢慢给你分析。

"首先，没有知识，我们能做些什么？如果不懂力学，我们怎么知道建造一间房屋需要多大的木材去支撑它呢？如果不懂数学，我们怎么知道需要多少材料呢？如果不懂设计，我们怎么知道哪种房屋构造更合理呢？如果我们一点儿审美知识都不具备，又怎么能建造出漂亮的房子呢？那时，恐怕我们只能天天对着木头发呆了，到那时，没准儿我们自己也会变成一块木头呢！"

我将这些道理以活泼有趣的方式讲出来，卡尔听得"哧哧"笑出了声。

"卡尔，好好记住。诗歌、文学、绘画、音乐、哲学，都是人类智慧的产物，是世界上最美好的东西。还有语言文字，是只有人才具有的。为什么我教你各种不同的语言呢？并不是一定要你成为外交家或是翻译，而是要让你能够更好地理解不同国家、不同地域的文化。

"就像你自己说的，你在学习中体会到了快乐，感到了幸福，难道还不够吗？一个人有了快乐和幸福，还有什么不满足的吗？"

儿子听到这里，眼睛中散发出喜悦的光芒，他心中的疑团完全解开了。

我一直觉得，卡尔之所以能够学有所成，他的求知欲以及他在学习中体会到的幸福感起到了关键作用。

　　由此我不得不说，做父母是一门艺术，我们得耐心地观察孩子的行为、分析他们的内心，并及时帮他们解疑答惑。否则，我们的行为不但不会对孩子有所帮助，甚至还会对其产生消极影响。

父母需要仔细观察孩子的行为，分析他们的内心

　　在这里，我们做这样一个假设：看到卡尔学习走神时，我没有去分析他的内心，没有去关心他帮助他，而是采用责骂的方式，那接下来会产生什么样的情况呢？我们可以试着推断一下：

　　卡尔捧着书坐在那里出神。

　　我发现他并没有翻动一页书，而只是在装样子。

　　于是冲过去就给了他一巴掌："卡尔，你这小混蛋，你是在学习吗？"

　　卡尔被我的行为吓呆了，本能地撒了个谎："我……我在学习呀……"

　　我生气地冲他大吼起来："胡说，你根本不是在学习，你在发呆，你看，你的书都没翻动一页！"

　　卡尔不知道说什么好了："我……"

　　"还不快点儿认真学习！"

卡尔想对我说出心中的疑惑，但吞吞吐吐地总也说不明白："我……我在想……"

　　"你想什么？快说，让你学习你却胡思乱想，太不像话了。"

　　"我在想学这些东西有什么用，"卡尔鼓足勇气表达出他的想法，"铁匠会制作农具，木匠会修房子，学这些语言和文字有什么用呢？"

　　"你这个没出息的东西，"我又给他一记耳光，"简直不求上进，甘愿去做那些靠体力吃饭的粗人，我简直白教你了……"

　　"可是，我不懂……"

　　"不懂什么？我叫你学你就学，有什么懂不懂的。"

　　这样的父亲是永远教不出有出息的孩子的，幸亏我不是这样的父亲。

　　父母不去了解孩子的内心，只是一味地指责孩子，这样做既失去了教育孩子的良机，还会伤害孩子的自尊心。更值得一提的是，这会给孩子心中留下极其恶劣的印象，会使他们觉得学习是一件可怕的事，他们是在为讨好父母而学习。

　　这样的教育，怎么能够培养出人才呢？更可悲的是，这会使得孩子的求知欲慢慢地消失。一个没有求知欲的孩子是可悲的，同时也是可怜的。

　　我认为，一个孩子之所以变得自私、凶恶、虚伪、懦弱，全都来源于这种极为低劣的教育。或者说，这根本谈不上是教育。

第七章

把孩子培养成全面发展的人才

① 让儿子具有同情心

我和妻子在同心协力教卡尔各种知识、开发他的各种能力的同时，还下功夫培养他的情操和情感，努力使他成为一个既具备高尚品德，又具有虔诚爱憎好恶的人。

我们总是力图让他学会怎么去爱别人，让他懂得什么是同情，什么是人生最美好的东西。我一直认为，一个具有同情心的孩子不会是霸道蛮横的，而且他会帮助别人、替别人分担痛苦，这样的孩子更能得到他人和社会的喜爱。因此，无论是在学校还是日后的生活中，这样的孩子会有更多的机会，长大后也更能与朋友及家人更好地相处。

我曾经告诉过卡尔，我们每个人都应该真诚地去关心他人，这样我们才能得到别人的真诚帮助。

在一个非常舒服的下午，我像平时一样牵着卡尔的手去散步。

这时，一个流浪汉在我们身边走过，令我没想到的是，流浪汉激起了卡尔的同情心。他用疑惑的眼神看着我，问："爸爸，他为什么要流浪呢？我们如何才能帮助他呢？"

我没有立刻回答他，因为我想留给他足够的时间思考。

但这次，卡尔并没有像往常那样继续追问，而是直接追上了那个流浪汉，直接向他提问："先生，你为什么要流浪？我可以帮你做些什么吗？"

流浪汉先是一愣，接着哈哈大笑起来，因为他实在想不出一个只有 5 岁的小孩能够怎么帮他："也许……也许你可以给我一个面包。"

可是，当时我们手头并没有面包。

流浪汉有些失望，低下头继续向前走。

没想到卡尔却叫住了他："先生，请等一等，我回家去给你拿。"说着，他便飞奔着朝家的方向跑去。

这时，流浪汉停下来跟我交谈："先生，这是您的孩子吗？"

"是的。"

"多可爱的孩子啊，他真幸运……"

我和流浪汉站在路边攀谈起来，他给我讲他流浪的原因，并感叹自己的不幸命运。

一会儿，卡尔手里拿着两块面包，气喘吁吁地跑了回来。他看了看我，又看了看手中的面包，我微笑着点头赞许。

卡尔这才把面包递到流浪汉手中，满脸真诚地说："先生，这是我和我的家人送给您的。"

事后，我问卡尔："为什么当时想起要帮助流浪汉呢？"

"因为您和妈妈一直都在教育我，人要行善。人在行善时，上帝会看到的。"卡尔认真地说。

无论是男孩和女孩，他们在成长的过程中自然而然会产生同情心，这似乎是人的一种天性。随着他们认知能力的提升，他们渐渐也能感受到他人的痛苦，并会用实际行为关心别人。

我在教育卡尔的时候，绝不会仅仅让他背诵一些道德规范，因为那些简单的背诵是不会对他的行为产生影响的。而是在日常生活中用自己的行为去影响他，让他体会到什么是真正的爱心，什么是真正的善良。

我告诉卡尔，高尚的人是幸福的。因为高尚的人能理解别人的思考，能体会到别人的痛苦，还能帮别人减轻痛苦。

在卡尔3岁的时候，我就要求他自己的事情自己做。别看他年龄小，实际上他做得特别好，那时，他不但能把自己的事情做好，还常常帮助他母亲分担家务呢。例如，擦去桌子上的灰尘，帮忙把餐具摆好等等。

　　我还告诉卡尔，喜欢帮助别人的人是善良的人。善良是人们一种非常有力量的工具，能产生无穷的力量。

　　与卡尔有过接触的人都夸他"像天使般的纯洁"。事实的确是这样的，他是个非常虔诚的、富有爱心、和蔼可亲的孩子。他从未与人争吵过，连对小动物及植物都特别友爱。

　　我为卡尔的高尚而感到骄傲。

② 性格就是能力

从某种意义上讲，性格就是能力。

如果一个人的性格开朗直爽，那么他就很容易被人接受，他的交友范围也会很宽广，他的人生道路也会有更多选择。但如果一个人性格很孤僻，他的交往活动肯定会很狭窄，如此一来，他可以选择的人生道路也会寥寥无几。所以，从这个角度来讲，一个人的性格是决定他成败的关键因素。

对于卡尔的教育，在引导他学习各种知识的同时，我从没忽视对他性格的培养。为了让卡尔具备良好的性格，在他很小的时候，我就开始在日常生活中教育他了。

在卡尔的成长过程中，我一直在琢磨，也一直在努力这样做：**在不伤害他的自尊心的情况下去了解他的内心世界。**我这样做是有一定目的的，那就是：当他有烦恼，需要我帮助的时候，我能及时帮助他。我从不赞同卡尔把不开心的事憋在心里，我希望他能成为一个开朗而快乐的人。因此，当卡尔遇到不开心的事情时，我总是鼓励他说出来。

有一天，我从外面回来，看见卡尔独自一人坐在院子里出神，他的表情看起来有些不高兴。于是我就向他走了过去，蹲在他的面前问他发生了什么事。

卡尔抬头望了望我，轻声地叹了一口气，什么也没说，又重新低下了头。

我问他："卡尔，有什么不高兴的事，可以告诉爸爸吗？"

卡尔仍然沉默不语。

看到这种情况，我敢断定，卡尔肯定是遇到烦恼的事了，而且这件烦恼的事对于他来说还很重要。于是，我继续开导他："卡尔，你知道，爸爸是很爱你的，爸爸希望能帮助你，你每次遇到困难不都是爸爸在帮助你吗？"

卡尔终于说话了，他问我："爸爸，你说我是男子汉吗？"

我一愣，不明白卡尔为什么这样问我。

卡尔有些沮丧地说："肯特尔，就是那个农夫的孩子，他嘲笑我不够健壮，他脱了衣服向我显示他的肌肉，他说像他那个样子才算是男子汉，而我不是。"

说实话，卡尔一直是个很健康的孩子，虽然他的身体算不上强壮，但这并不是什么缺点，没想到他会因为这个问题而受伤。弄清楚了他不高兴的原因，我接着给他讲道理："卡尔，你要知道，一个真正的男子汉并不只是身体强壮，他还要有智慧，有坚强的毅力，并且敢于承担生活中的一切困难和挫折，还应该有超人的勇气。

如果孩子在成长的过程中遇到烦恼与困惑，
家长一定要把道理给孩子讲明白

"你现在还是个孩子，但你已经掌握了那么多知识，又懂那么多道理。等你长大后，这些都会变成你的智慧。

"肯特尔那样对你说话是非常不礼貌的行为，你干嘛要理会他呢？还有，一个真正的男子汉必须有超强判断力的头脑，这样才不会被别人的评论所干扰，你说对不对？"

卡尔听到我这样说，顿时欢欣鼓舞起来。刚开始他还因为自己的身体不够强壮而自卑呢，现在他想通了，自信心又重新找回来了。

每个孩子在成长的过程中，都会遇到类似的烦恼和困惑，这时，家长一定要把道理给孩子讲明白，否则会直接影响孩子的性格，让一个原本开朗的孩子变得孤僻、消沉。

一个孩子的性格是否良好，在很大程度上决定着他能否成为一个全面的人才，也决定着他将来所取得的成就。

3　我从来都不想把儿子培养成所谓的学者

　　我讨厌那些所谓的学者。他们只是懂得专业知识多一点儿，为了显示自己的学识，到处卖弄，到处显摆，也不管人家愿意不愿意听。但对于其专业以外的所有知识，他们一概不懂，实际上，那些所谓的学者是最无知的。

　　我不希望我的儿子成为这样的人。但在成长的过程中，他却犯过类似的错误。

　　有一次，卡尔在一群小伙伴面前卖弄"才华"，被我及时制止了。

　　我问他："卡尔，你会不会用正常的方式说话？"

　　卡尔很诧异地看着我，好像没有明白我在说什么。

　　事实上，卡尔刚才在小伙伴们面前的"演讲"太不像话了，他不但没有表明自己的观点，而且一直在故弄玄虚。他故意把简单的道理说得很复杂，其间还引用了很多不相关的名言，结果弄得小伙伴们一头雾水。

　　见卡尔没有听懂我的话，我转身问那些听众孩子们："刚才卡尔讲的内容你们听明白了吗？"

　　"刚开始还明白，但后来就不明白了。"

　　"太复杂了，我们听不懂。"

　　"我们不知道他究竟想说什么。"

　　……

　　小伙伴们的回答让卡尔尴尬极了。

事后，我对卡尔说："用简单明了的语言让别人明白某个知识，才是真正有能力的表现。如果总是故弄玄虚，把简单的问题故意弄得很复杂，只能说明这个人很愚蠢。"

尽管卡尔犯的那个错误很可笑，但毕竟他当时只是个孩子。那件事给了他一个小小的教训，使得他在以后的日子里踏踏实实实地学习，并主动与那些喜欢卖弄又迂腐透顶的学者划清界线。

我时常告诫卡尔，一个人如果没有创造力，即便他懂得全世界的所有语言，看完了世上所有的书，那也是丝毫没有价值的。

对于卡尔的未来，我最大的愿望是让他成为对世界有所贡献的人，而不是那种只会读书的所谓学者，更不是那种一鸣惊人的所谓神童。

我希望卡尔是一个完美的人，这比其他的都重要。

4 发展孩子的爱好，让他变成
一个接近完美的人

没有任何艺术的生活，就如同荒野一样。

我觉得，为了让孩子今后的生活丰富多彩，为了让孩子一生幸福，父母有义务培养孩子的爱好和艺术修养。

我的教育理想是，把卡尔培养成一个智力、品德、身体等各方面全面发展的人才。

只会埋头苦学的人是书呆子，这种人弱不禁风，成不了大事，我不想卡尔成为这样的人。

当然，很多人身体都很强壮，但由于没有知识和品德做后盾，他们仍然单薄而无力。这样的人或粗暴，或木讷，只能靠出卖自己的劳动力生存，他们对社会的贡献是非常有限的。还有一种可能，如果他们的品德有问题，那他们不但对社会无益，反而是有害的。

我不但重视对卡尔智力的培养，还特别注重他的身体和精神的健康。因此，卡尔从小就是一个身体好、品德好、学习好的活泼孩子。

除此之外，我还特别注重培养卡尔多方面的爱好。

在前面我提到过，卡尔的母亲歌唱得特别棒，在卡尔小的时候，她就一边给他唱悦耳的歌谣，一边有节奏地摇晃或轻拍他。她曾自豪地跟我说，不管卡尔多调皮，一听到歌声他就变乖。只要她一唱歌，卡尔就全神贯注地听，还哼哼着跟她学呢。当然，如果在他面前跳舞，他更是兴奋，也会跟着手舞足蹈起来。

我知道，那时卡尔还很小，他"跳舞"仅仅是一种模仿行为，但这种模仿恰恰是创造力的开端。需要父母们注意的是，孩子的这种模仿需要成人的鼓励，以增强他的兴趣和信心。

对于孩子来说，艺术有时是一种乐趣。除了教卡尔知识之外，我还会教他一些"没用的东西"。例如，我教他认识小河里的倒影、阳光下的阴影，还教他用小手玩手影游戏，看着小手在墙上映出的各种各样可爱的影子，每次他都会兴奋得大喊大叫。

教孩子知识之外，也不妨教孩子点"没用的东西"

为了让卡尔拥有各种各样的爱好，一开始我就进行了精心的安排。首先从我们房间内的装饰开始。不管是卡尔的房间还是我们共同活动的地方，我绝不放置那些没有情趣，或者与周围环境不协调的物品。我们在墙上贴上了令人心情愉快的浅色墙纸，墙上挂的所有的画都用精致的画框镶好。

有时候朋友们会送我们一些室内摆放的饰物，但如果它与我们装饰的风格不相协调，我也不会把它摆出来。

在衣着方面，我们全家人也极为讲究，我们不追求名牌，但衣服一定要朴素和雅致。不管在任何时候，我们都必须衣帽整齐、干净利索，这不但是我自己对自己的要求，也是我对全家人的要求。

在我们的院子周围，我种了很多花，各种品种，五颜六色，几乎是从春到秋，常开不败。但我从不会在花园里栽种与整体风格不相协调的花。

有一次，我看到卡尔蹲在花园的地上正聚精会神地做着什么，我没惊动他，而是悄悄地走到他的身后。令人感到高兴而又吃惊的是，卡尔正用一根小树枝在地上画画呢！

我仔细看了看，那是一幅非常不错的画，虽然它还透露着一丝稚嫩，但构图非常完整，根本不像是小孩子随意的涂鸦之作。看来卡尔真的有很高的艺术天赋。

于是，我欣喜地问他："卡尔，你是不是很喜欢画画？"

卡尔认真地回答说："是的，爸爸，我觉得画画很有意思。"

我略微思考了一下，继续问他："既然你这么喜欢画画，那你有没有想过将来成为一名画家呢？"

卡尔真诚地回答我："没有想过，我只是觉得画画很有意思，所以就画了。"

听卡尔这样回答，我很欣喜，因为如果卡尔用未来的艺术家来给自己定位，那也许他就体会不到画画的乐趣了。

后来，我给卡尔买了很多画笔和纸张，尽最大努力支持他发展这一爱好。

虽然卡尔最终没能成为艺术家，但我仍然保留着他小时候画的那些画，因为那是他创造力的体现，同时也是他快乐童年的一种标志。

除了画画之外，我还培养卡尔对文学的兴趣。在他非常小的时候，我就经常给他讲一些有趣的故事；当他识字之后，我就把国内的一些非常好的文学著作推荐给他读。所以，小时候的卡尔就是一个名符其实的"文学通",不但能背诵很多句诗,还常常试着写诗呢。

有人曾这样认为,我培养卡尔画画、音乐、文学方面的爱好,是为了在人前炫耀、卖弄。其实,这些都是对我的误解,我只是想让卡尔的爱好多一些,让他更接近完美一些,我从没有把他的才能向别人炫耀过。

懂艺术、懂得欣赏艺术的人是幸福的,我只是想让卡尔的生活中充满更多的情趣和快乐,仅此而已。

⑤ 怎么培养孩子的丰富感情

　　我不想卡尔成为一个有学识但没感情的人，因为一个没有感情的人，就像一台冷冰冰的机器，一台有学识的机器，他的存在是没有任何价值的。不仅仅是人，连动物也是有感情的，父母能否培养出孩子丰富的感情，将直接关系到他未来是否幸福。

　　在孩子小的时候，很多父母常常会引导孩子养一只小动物，我知道，父母们这样做是为了培养孩子的爱心，陶冶他的情操，进而使他成为一个有责任心的人。父母们这样的想法和做法是非常明智的。在生活中，我也是这样教育卡尔的。

小动物和植物都有利于培养孩子的爱心和责任心

　　但在很多时候，父母只是帮孩子把小动物、小植物带回家是远远不够的。有时候孩子的行为可能会出现偏差，所以，要想孩子拥有爱心和责任感，父母及时的引导是必不可少的。

　　卡尔3岁那年，有一天家里来了很多客人，其中也包括几个小朋友。大家海阔天空地聊着天。

这时，我家的一只小狗跑进来了，其中几个孩子因为喜欢这只小狗，纷纷去拽小狗的尾巴。令我没想到的是，卡尔竟然也学起这些孩子的行为来，使劲儿拽着小狗的尾巴把它拉到自己身边。

　　我看到后，把卡尔叫出来，然后使劲儿捏着他的胳膊不放。卡尔不明所以，吃惊极了。

　　过了好一会儿，我才松开他的胳膊，然后问他："卡尔，你的胳膊痛不痛？"

　　"痛。"

　　"那你喜欢被人使劲儿拽胳膊吗？"

　　"不喜欢。"

　　"小狗也会痛，他也不喜欢被人拽尾巴。"

　　卡尔红着脸低下了头，我知道，他已经意识到自己的错误了。

　　在教育卡尔的过程中，对于他的错误行为，我向来会严厉指出。

　　针对拽小狗尾巴那件事，我之所以那样教育他，是为了能让他站在别人的立场上思考问题。令我感到欣慰的是，由于我的严厉，卡尔最终变成了一个善良、感情丰富的人。他不但能够感受到人类的各种感情，还常常替那些小动物、小植物着想呢。

　　任何善良的人都会得到他人的尊敬和喜爱。善良的人注定会成为一个幸福的人。

第八章

怎样培养儿子对事物的辨别能力

① 儿子，你应该看清楚周围的一切

我一直认为，没有敏锐辨别能力的孩子，无论他怎样用功学习，无论他阅读了多少书籍，也只能是一个储存知识的仓库。

换言之，一个只是储存知识的仓库，即使它的知识再丰富，也毫无用处。

我认识一位历史学教授，我们已经相识多年了，在我们那一代，他是一位名气很大的历史学专家。但在我看来，这位名望很高的专家并不是真的懂历史，因为他除了能够牢记那些史实，能够推断出某个历史事件发生在哪个年代外，几乎什么都不明白。我所说的"不明白"是指，他根本不具备对历史进行判断和反思的能力。

很多时候我经常在想，这样的历史学家有什么用呢？他的价值以及他掌握的知识的价值在哪里呢？我想，不用我再进行详细分析，聪明的人肯定很快就能得出答案。

卡尔一出生我就教他各种知识，当然其中也包括历史知识，但与此同时，我总把培养他的辨别能力、分析能力放在重要位置。

记得卡尔大概四五岁的时候，一位主教来我们所在的教区访问。因为我与他是同行，在办完公事后，我热情地约他来我家做客。

也许是因为主教的言谈举止总是透露出领导者的风范，卡尔见到他后就喜欢上了他，并充满崇拜地向他请教问题。

主教也很耐心地回答卡尔，他们聊得非常愉快。

晚饭后，我叫女佣为主教安排住宿，并亲自带他来到了客房。

我主动挽留他说："主教大人，今晚您就住在我们家吧。这里虽然不奢华，但很安静，也很干净，您看，床单都是新换过的！"

然而，对于我的盛情挽留，主教大人却微微皱了一下眉头，有些不情愿地说："是的，这里很不错。但我想，我还是应该回城里去住。"

　　说着，他便向外走。

　　这时，小卡尔有些失望地叫住了他，"先生，我们都很欢迎您，很喜欢您，您就住在这里吧！"

　　主教向卡尔笑了笑，说："谢谢你，孩子，可我一定要走。"

　　主教离开之后，卡尔用非常迷茫的目光看着我，那神情好似在问："我们对他那样热情，他为什么还要走呢？"

　　我有些遗憾地说："也许他觉得我们这里太简陋了吧！"

　　卡尔更加不明白了，问："可是，作为一名牧师，他不是应该不在乎这些的吗？"

　　我笑着摸了摸卡尔的头，认真地对他说："卡尔，你要知道，不是每一个牧师都能像你父亲这样。我和他虽然是同行，但我们不同道。"

　　卡尔似乎没有听明白我的意思，仍然迷惑不解地看着我。

　　我犹豫了一会儿，要不要向小小的他灌输太复杂的内容呢？最终，我终于下定决心向他解释道："世界上的人分很多种，有的善良，有的邪恶。这些不同的人时时刻刻都在我们身边，我们一定要正确地区分他们。就拿牧师这一职业来说，有的牧师真正按照上帝的旨意去做，但很多牧师并不一定这样做。"

　　没想到卡尔的悟性还很高，他很快就明白了我的意思："爸爸，我知道了，您所说的'同行不同道'就是这个意思。您是真正的牧师，而那位主教不是。"

　　听见卡尔这样说，我没有赞同也没有反对，只是微微地笑了一笑。

　　我知道，我在卡尔幼小的心灵之中已经播下了能够辨别周围事物能力的种子。

② 阳光下也有阴影

虽然我们不愿承认，但在我们周围，确确实实存在很多我们无法回避的问题。我不想让卡尔变成阴暗的人，但我知道，我有责任教他正视生活中那些阴暗的东西，并拿出勇气去面对它们。

父母有责任教孩子正视生活中的阴暗面

一天，天气很好，我们一家人决定去邻村的纽曼河边搞一次户外野餐。纽曼河是一条不大的河流，但水质很好，清澈见底，非常漂亮。

我们这一带的人都喜欢纽曼河，我们几乎都有这样的惯例——早春时去纽曼河边散步游玩。

平时我工作忙，很少带卡尔去那里，所以，一听我要带他去野炊，卡尔非常激动。

为了让这次野餐更加热闹有趣，我们还约了邻居伍德里莱一家。

出发半小时后，我们终于来到了纽曼河边。这时，很多人已经在那里开始烧饭了。

经过一番简单的准备，我们终于在临时搭起的餐桌前坐了下来。

卡尔高兴极了，因为今天的主菜是他最爱吃的土豆烧牛排。

正当我们准备开吃的时候，一个大肚便便的中年男人向我们走来，一边走一边热情地和我们每一个人打招呼。卡尔是个懂礼貌的孩子，立刻站起来给那位满脸堆笑的客人让座。

这人叫米斯泰勒，在我们那一带是个臭名昭著的人，可以说是个无赖。但卡尔并不认识他。

见卡尔把座位让给他，米斯泰勒笑眯眯地说了一声"谢谢"。可是当他正要坐下的时候，伍德里莱先生突然愤怒地大声喊起来："走开，你这个讨厌的家伙。"

伍德里莱先生的"粗暴"震住了大家，在座的每一个人都惊呆了，特别是卡尔，他简直是目瞪口呆。

这时，米斯泰勒不得不离开我们的餐桌，虽然遇到伍德里莱先生极不客气的对待，他仍然保持着笑脸："我只是坐坐而已，干吗那么凶呀！"

他一边说着，一边朝另一群人走去。

米斯泰勒走后，卡尔有些生气了，他使劲儿瞪着伍德里莱先生。

我笑着问他："卡尔，你是觉得伍德里莱先生做得不对吗？"

卡尔说："当然啦！他为什么对客人那么不礼貌？"

伍德里莱先生仍然生气地说："他算什么客人？我最讨厌这种人了。"

接着，我向卡尔讲了一些有关米斯泰勒的事：米斯泰勒是个游手好闲的懒汉，他无所事事，到处混吃混喝，还向每一个人借钱，并且从来没有还过。

我讲完了米斯泰勒的事之后，卡尔仍然不相信地说道："但他看起来不像坏人呀，我看他挺好的，至少比某些人强！"说完，他充满深意地瞟了伍德里莱先生一眼。

伍德里莱先生发现了卡尔对他的不满，便说："卡尔，别看我平时有些凶，我可不是坏人。你还小，不懂这些。"

卡尔仍然一副不以为然的样子。

这时，我便耐心地给他讲其中的道理："卡尔，这个世界上有许多事不像它们表面看起来的那么好。有人长得英俊潇洒，表现得和蔼可亲，但并不说明他就是个好人。而有的人性格粗犷，有时表现得凶巴巴的，但并不意味着他就是个坏人。人是很复杂的，你应该学会怎样辨别好人和坏人。"

卡尔似懂非懂地说："爸爸，您曾说过的，这世界上的大多数人是好人！"

我笑着说："当然，可是你不要忘了，阳光之下一定会有阴影，少并不代表没有，所以，你千万别忽视了它。"

卡尔不再说话了，只是低着头自顾吃东西。良久，他忽然说道："我明白了，虽然今天阳光明媚，但也有个讨厌的阴影，就是刚才那个人。"

"他不值得你帮助！"

尽自己的全力去帮助别人，是一种美德，相信大多数人认同我的观点。但是，究竟什么样的人值得我们去帮助，什么样的人不值得，却是一个不太容易回答的问题。

因为生活中经常有这样的事情发生：我们竭尽全力去帮助别人，不但没有得到任何回报，反而遭到了别人的蒙骗。这是为什么呢？原因很简单，我们没有分清楚那个人值不值得帮助。换句不好听的话说，这样的好心人实际上是愚蠢的人，因为他们没有任何的分辨能力。

卡尔的心地非常善良，他很小的时候就经常帮助别人，他不仅理解我的工作，也非常体贴他的母亲；对于家里的佣人，他也是倍加关心，经常帮助女佣做一些力所能及的事。

一天，我突然发现卡尔的零花钱莫名其妙地少了许多。卡尔向来是个很节俭的孩子，总是习惯把每个月的零花钱攒起来，以备不时之需，买一些喜欢的学习用品。但这次，他之前积攒了几个月的零用钱突然少了一大半，这不免让我感到奇怪。

我想，这其中一定有原因，于是便找了一个合适的时机问他："卡尔，你最近是不是买了新文具？"

"没有呀！"卡尔不假思索地回答，他的神情告诉我，他没有撒谎。

我没有继续追问，因为我觉得卡尔有支配自己零花钱的权利。

但晚饭后，卡尔却一五一十地把事情的原委告诉了我。

原来，他正在帮助一个叫作柯兰迪的男孩，将大部分零花钱借给了柯兰迪。

柯兰迪是个农夫的儿子，年龄比卡尔大3岁，已经是一个大孩子了。

据卡尔说，柯兰迪家很穷，他们经常为生活费发愁。

但我却觉得事情并不像表面看起来那么简单。据我所知，柯兰迪并不是一个像卡尔所说的那样的好孩子，他的父亲是个酗酒者，也是一个懒惰的人。受父亲的影响，这个孩子也变成了一个贪玩、不思上进的孩子。

卡尔说，柯兰迪借钱是为了照顾弟弟妹妹，再给自己买些文具。但事实上，他把那些钱拿去赌博了，并且，他还给了卡尔这样的承诺：如果他赌博赢了，会加倍还卡尔的钱。

我告诉卡尔，不能将钱借给赌博的人。但起初，幼稚的卡尔并不愿意接受我的忠告。他甚至还为柯兰迪辩解："柯兰迪赌钱也是为了帮助家人呀！他向我发过誓，等他赢了钱，一定要给弟弟妹妹买文具和书本。赌博的行为不光彩，但柯兰迪是没有办法才这样做的。"

面对卡尔的幼稚想法，我耐心地给他讲道理："首先，赌博是一件极其不光彩的事，你借钱给柯兰迪，就相当于你也变相地参与了赌博。第二，你永远别相信柯兰迪会还钱给你，因为他永远也不会赢钱。第三，用借来的钱去赌博的人，是完全不值得别人帮助的，因为这种企图靠小把戏赚大钱的人是不可救药的。"

卡尔似乎有些听明白了，但他仍然不甘心地问："可是，您不是常说要帮助别人吗？"

我继续耐心地说："帮助别人的想法是值得赞扬的。但不要忘了，帮助别人的方式有许多种，你并不一定要借钱给他，更何况是借给不值得帮助的人。另外，你必须清醒地认识到这一点，许多人与你交往都是有目的的，弄明白对方与你交往的用意很重要，等你长大后就能深刻地体会到这一点了。"

我知道，当时的卡尔还不能完全明白这些成年人之间的相处之道，但他再也没有借钱给柯兰迪了。

对于我的这种做法，很多父母常常会产生疑问：过早地向小孩子灌输成年人的道理，会不会损害他们的纯洁心灵呢？

其实是不会的，如果一个孩子从小就能明白事理，学会保护自己，那他就比一个"傻子"似的好人强得多。

③ 教孩子明眼识人

　　让孩子保持纯净的心灵很重要，但我仍然主张让孩子尽早地了解生活的实质，在此基础，再把他们向"善"的方向引导。

　　在教育孩子方面，我一直坚信这样一点：孩子如果不懂什么是"恶"，便不懂什么是"善"。

孩子如果不能正视坏事，就会一直生活在虚幻中

　　生活中，很多父母不愿意教孩子去正视社会上的坏事，相反，他们总是教孩子视而不见。在我看来，这是一种掩耳盗铃的行为，会使得孩子一直生活在虚幻之中。

　　有一天，我和卡尔在集市上买东西，当我们买完东西正准备回家时，卡尔突然被几个年轻人吸引住了。

　　他满脸羡慕地对我说："爸爸，你看，那几个人多潇洒呀！"

　　我看了一眼那几个年轻人后问："你为什么认为他们潇洒呢？"

　　卡尔禁不住赞叹道："你看，他们的衣服整洁而华丽，还戴着礼帽呢！让人一看就知道是绅士。”

小孩子单纯，容易被假像迷惑，这话一点儿不假，那时的小卡尔就被那几个年轻人故意打扮的外表迷惑了。因为他们根本不是绅士，只是一些在集市上厮混的游手好闲者罢了。

我并没有直接向卡尔说明情况，而是想让他亲自发现事情的实质。

于是，我这样对卡尔说：“这样吧，咱们悄悄地跟踪他们，看看他们是不是真正的绅士。”

说完，我向卡尔使了个眼色，示意他一边假装要买东西，一边跟踪他们。

正如我所想的那样，没有多久，那几个“潇洒的绅士”便露出了本来的面目：他们一边走一边趁人不注意时偷东西，有时是一只苹果，有时是一盒肥皂，有时甚至还偷钱。

看到这里，卡尔惊讶得很，小声地问我：“爸爸，他们看起来那样绅士，那样有钱，为什么还要偷东西呢？”

我笑着对他说：“为什么我时常提醒你要清醒地去认识别人，这就是原因。我是想让你记住，在很多时候，你看到的并不一定是事实。真正的事实需要你动脑子去判断。”

年龄还很小的卡尔显得有些不愿接受：“为什么人这么复杂呢？”

我知道，对于年龄还很小的卡尔来说，让他了解世界的真相有时是很残酷的，但我觉得我的做法是非常有必要的，因为这对孩子的将来有好处。

第九章

我如何教儿子玩和选择朋友

① 让孩子远离粗暴的伙伴和危险的游戏

我觉得，一个成人之所以会滑头滑脑、放纵、不能自制、任性，大多是因为小时候没被管教好。

别说放任不管了，有时父母稍一不留神，孩子就可能不加选择地跟别的孩子一起玩，从而极有可能沾染上一些坏习惯。我经常看到一些小混混一般的孩子聚在路边赌博，有时他们甚至用肮脏的语言互相谩骂或者大打出手。遇到这种情况，我常常会去劝说他们，也为他们拉过很多次架，因为我不想有孩子意外受伤。

说实话，看到这样的孩子，我常常很失望，因为他们本来可以受很好的教育，成为一个懂礼貌、有知识、有教养的好孩子，可现实却恰恰相反。

每当看到身体有意外伤残的孩子，例如，他们可能瞎了一只眼睛、少了一根手指、瘸了一条腿……我总会询问他们伤残的原因，正如我所预想的那样，他们身体上的伤大多是在玩闹中所致。虽然事先已经预料到了，但当那些孩子亲口说出那些事实时，我仍然觉得有些触目惊心。

远离粗暴的伙伴和危险的游戏
才能让孩子更健康地成长

卡尔小时候也曾跟一群小伙伴们一起玩，但当我发现那群孩子的行为特别粗野时，我便说服卡尔不要再跟他们一起玩了。我这么做并不是说那些孩子不好，但孩子毕竟还小，还不太懂事，没有大人的细心管教，他们很有可能做出傻事。

安迪是一个健壮的男孩，是跟他一起玩的那些小伙伴的头头。他聪明、有威严，而且组织能力特别好，经常带领一些比他小的孩子玩打仗的游戏。

或许安迪的气质真的适合做"将军"，他真的把自己的"军队"管理得井井有条。但谁也没想到，有一天，这位"将军"竟然被打败了，而且败得非常惨。

那天，安迪将小伙伴们分成两伙玩守护城堡的游戏。安迪带领着五六个手下守护城堡，另外几个孩子扮成敌人来进攻。

其实他们所谓的城堡就是一辆拉货的马车。

安迪真的像个将军一样，英勇地站在马车上，用一根长木棍作为他的宝剑。他一边挥舞宝剑，一边用大将军的口吻对着身后的手下大喊："士兵们，给我把敌人打下去……"

当时卡尔也参加了这个游戏，是安迪的手下。"敌人"开始了猛烈的进攻，疯狂地将石块、树枝向安迪他们掷过来。英勇的安迪临危不惧，用"宝剑"把它们纷纷打翻在地。

但"敌人"的进攻越来越猛烈，安迪他们有些抵挡不住了，但安迪不想放弃，继续对手下们下着命令："一定要守住城堡。"

不好，敌方的首领已经冲到马车上，趁安迪不注意，猛地朝安迪的背部踢了一脚。安迪猝不及防，一下子从马车上栽了下去。

被赶下了马车，这没什么，但不幸的是，安迪恰好踩在了地上的一把镰刀上，而镰刀被他踩得从地上弹起来，刀锋正好刺进了他的大腿里。

安迪倒在地上，疼得大喊大叫。孩子们谁也不敢接近他，因为当时的情景太恐怖了，他的腿上都是血……

事后，卡尔竟然这样对我说："安迪真是个大英雄，他是为了保护城堡才受伤的。"

面对卡尔眼中情不自禁流露出来的佩服神情，我不忍给他泼冷水，但又不得不一本正经地对他说："卡尔，安迪的做法不是英雄。你们不应该玩那种危险的游戏。你看，那个把安迪从马车上推下来的孩子多无知呀！"

但卡尔的脑子却一直转不过弯来："我不这样认为，安迪在我心目中就是大英雄。"

看着卡尔单纯的目光，我继续问他："卡尔，那我问你，你和小伙伴们今天做了什么？"

"在玩攻打城堡的游戏呀！"

我抓住"游戏"这个字眼继续开导他："对，你们只是在做游戏，那不是真的战斗。我知道你们都喜欢英雄人物，但你必须清醒地认识到，英雄并不意味着鲁莽，也不意味着整天打打杀杀。"

看卡尔稍微开了点儿窍，我继续给他分析其中的对与错："你们只是在玩游戏，又不是与真正的敌人战斗，为什么要真打呢？我敢肯定，今天的事情发生后，安迪有可能永远记恨那个把他推下去的伙伴，甚至还会去找他报仇呢！你看，这个荒谬的游戏把原本是好朋友的两个人变成了真正的敌人，你说，这种游戏有意义吗？"

"爸爸，我懂了。"

从那以后，卡尔真的不再玩那些危险的游戏了。

孩子毕竟是孩子，很多时候，他们拿捏不准游戏的分寸，所以，在游戏中受到伤害常常源于他们的无知。在这些时候，如果父母不能对他们加以细心的开导，那后果将是非常可怕的。

我一直都在告诫卡尔，无论何时都不要参与那些孩子的斗殴打架，打架所导致的伤害比玩游戏导致的伤害要严重得多。它不仅仅会伤害孩子的身体，更有可能给孩子幼小的心灵留下不健康的阴影。例如，它会在孩子们的心中种下仇恨的种子。

天下没有什么比在孩子的心中埋下仇恨更可怕的事了。仇恨可以让一个孩子疯狂甚至丧失理智，会让他仇恨父母、蔑视周围的人，更会让他陷入孤独无助的境地。

有人会说，孩子的性格和才华都是天生的。他们经常说："我的那个孩子坏透了，简直不学好，怎么教他都没有用。"每当听到这样的说法我都感到悲哀。连最亲的父母都不相信他，你弱小的孩子还会有什么好的发展呢？

我可以毫不客气地告诉这样的父母：你们不配做父母。孩子本身是好的，他们的一切过错都归结于你们。

父母要尽量为孩子选择益友

由于上述的原因，在卡尔对同伴的选择上我表现得非常严格。我尽量说服他与那些有相同爱好的孩子交往，这样他们可以在一起就某个问题进行探讨，可以相互之间学到一些好的东西。

卡尔经常与一个孩子一起朗诵诗歌，或扮演戏剧里的角色。孩子们在一起没有不产生矛盾的，有时他们也会为了某个问题而争论，但他们是为了知识而争，每当这时，我从不去打扰他们，因为我相信，这种争论只会让他们共同进步。

② 与坏孩子玩的害处

作为成年人，我们都知道交朋友是件慎重的事。我们会用爱心去对待朋友，也希望朋友用爱心对待我们。我想，谁也不愿意与魔鬼打交道。

理智的成人有时在不良朋友的影响下都会走入歧途，更何况分辨能力和自控力都不强的孩子呢？所以，我一直主张父母不要让孩子与那些有不良习惯的人接触。

沃尔夫牧师也是一位出色的教育家，他的儿子叫威廉。小威廉接受的几乎是与卡尔相同的教育。无论在知识、语言方面，还是在品德、习惯方面，威廉都表现得特别出色。

只是，沃尔夫牧师有一个观点与我截然相反，我从不让卡尔与那些坏孩子交往，但沃尔夫却鼓励孩子与那些坏孩子在一起，他告诉儿子，应该去感化并帮助那些坏孩子。

由于经常与坏孩子在一起，曾经优秀的威廉渐渐发生了变化。

终于有一天，不该发生的事情发生了。

有好几次，沃尔夫牧师发现威廉很晚才回家，那已经远远超出了他为儿子规定的游戏时间。他问威廉原因，威廉这样告诉他："有几个小伙伴在一起玩时发生了矛盾，我去劝解他们了。"

原来是这样，沃尔夫牧师相信了儿子的话，不但没有责怪儿子，还表扬了儿子的这一善举呢。

然而，他并不知道，他被儿子的谎言欺骗了。这也不能怪他，因为威廉在此之前从没说过谎。那时，威廉已经染上了一些坏孩子的恶习，但善良的沃尔夫牧师还被蒙在鼓里呢。

后来，当沃尔夫牧师知道真相后，几乎气得昏过去。威廉所谓的帮助别人，实际是聚在村外的树林中赌博，或听别人讲一些低级下流的故事。其实，沃尔夫牧师应该早就知道，那些农夫的孩子没事就聚在一起赌博，威廉天天跟那些孩子在一起，肯定会受其影响的，但这却没有引起沃尔夫牧师的注意。

有一天，威廉气喘吁吁地从外面跑回家，什么话也没有说就跑进自己的房间。沃尔夫牧师看他很不对劲儿，非常害怕的样子，便赶忙去问他发生了什么事。

但不管沃尔夫牧师如何问，威廉始终一言不发。沃尔夫牧师感到非常奇怪，还认为是有人欺负了自己的儿子呢。

就在这时，有人气愤地在门外叫他，"沃尔夫牧师……沃尔夫牧师……"

是一位满脸怒气的农妇。她用手指着沃尔夫牧师，没好气地说："沃尔夫牧师，你应该好好管教你的孩子了，他太不像话了，竟然偷我们家的鸡！"

沃尔夫牧师很惊讶。他无论如何也想象不到，他的好儿子竟然做过那种偷鸡摸狗的事情。

他正想为儿子说两句公道话，农妇又开口了："这已经不是第一次了，以前我们家的鸡无缘无故失踪，我还以为是黄鼠狼干的呢，今天我才发现，原来是你儿子干的。您是牧师，怎么能教孩子干这种事情呢……"

原来，是那些坏孩子指使威廉去偷鸡的，而且已经偷了很多次，他们把偷来的鸡都烤着吃了。

我想，这件事一定对沃尔夫牧师影响很大，因为他很快便认同了我的观点，再也不让威廉与那些坏孩子一起玩了。

③ 我认为孩子在玩具中学不到什么知识

我几乎没有给卡尔买什么玩具，因为我认为孩子在玩具中学不到什么知识。

别的孩子都是在玩玩具中度过童年的，但我却把别的孩子玩玩具的时间用来教卡尔读书或观察大自然，由于我方法得当，卡尔本人很乐意这样做。因为他很小就能从读书和观察中找到乐趣，所以根本没必要玩玩具消磨时间。

我一直认为，让玩具陪伴孩子度过童年是很可悲的。幼儿时期是开发孩子智力的最宝贵时期，而很多父母却让孩子在无所事事中度过，让他们玩玩具消耗时光，对于孩子来说，这是一种无形的摧残，更是一种犯罪。

孩子的童年在无所事事中度过是很可悲的

一个从小玩玩具长大的孩子，不仅白白浪费了很多时间，而且会染上一些很难改掉的恶习。例如，有些孩子玩玩具时总是在玩具身上撒气，同时，他也会把怨气撒在周围人身上。这种不良的行为最终还会导致孩子形成傲慢的性格，使他们丧失正常与人沟通的能力；会让他们变得时常以自我为中心，任性，甚至丧失理智。

我认识一个女孩，她很漂亮，而且非常伶俐，又因为她出生在一个非常富足的家庭里，所以她在我们这一带很有"名气"。

她的父母很疼爱她，视她为掌上明珠。

不光她的父亲给她买玩具，去她家拜访的人，也总会给她带去一些名贵的玩具。据说，她至少有上百个做工精美而昂贵的娃娃。

可以说，小女孩每天都生活在玩具的世界中。

我曾经告诉过她的父亲，不要让女儿把过多的时间花费在玩具上，应该尽早开发她的潜能。可她父亲不以为然。他认为让孩子过早地学习不好，等她稍大一些再开发她的潜能也不迟。不仅如此，他还嘲笑我，说怕我不小心把卡尔培养成书呆子。

对于这样的父亲，我无语了。

后来，关于那个小女孩的情况，我是听别人说起的。孩子的玩具多了，他们就不懂得爱惜，那个小女孩也是这样。她不但不爱惜玩具，还常常把那些可爱的娃娃扔得到处都是，还时常用小刀在娃娃的身上乱割，割得乱七八糟。她发脾气的时候，经常拿娃娃出气。

当家人看不惯她的行为教育她时，她甚至拿起小刀威胁起父母来："再说我，我就杀了你。"

更过分的是，有一次，女佣做的饭不合她的口味，她竟然怀恨在心，趁那位善良的女佣洗碗之际，将小刀狠狠地刺入了女佣的手。

看到女佣鲜血直流的手，她不但不知悔改，还大声指责道："你的手太笨了，它做出的饭太难吃了。"

听说这件事后，我感到非常痛心。她真的是一个漂亮而可爱的女孩，但现在却变得如此残忍而无理。我不得不说，发生这样的事情，只怪她那不负责的父母，怪他们不该让孩子拥有那么多玩具，怪他们没能及时对孩子的行为进行引导……真希望这件事能让他们好好地反省一下。

我几乎不给卡尔买玩具，但他却享受了比任何一个孩子都多的童趣。因为我总会想很多办法来教育他，既让他觉得有趣，与此同时还能开发他的潜能。

为了让卡尔在玩耍中增长知识，我特意在房屋外的院子里为他修了一个大游戏场。所谓的"游戏场"实际上是一个类似于花坛一样的东西，我在上面铺上了60厘米厚的沙子，周围还栽有各种花草和树木。由于沙子铺得很厚，下过雨马上就干，坐在上面也不会弄脏衣服。

让孩子接受大自然是最重要的教育

卡尔时常坐在那里修城堡、挖山洞。尽情地发挥他的想象力，也经常在那里观花捉虫，培养对大自然的感情。

我认为让孩子接受大自然就是最重要的教育。孩子从中得到的乐趣比那些花钱买来的玩具要多得多。

④ 在游戏中体验人生

如果有人问我："你一生之中最幸运的事情是什么?"我的回答肯定是：我找到了一个好妻子。我的妻子是个善良而贤惠的女人，也是一个能干而又有责任心的母亲。为了把卡尔教育好，她几乎倾注了全部心血。卡尔能有这样的母亲，是他一生的福分。

卡尔的母亲曾给卡尔买过炊事玩具，但她并不像其他的母亲那样，把玩具扔给孩子就不管了，而是细心地利用那些玩具来开发卡尔的各种潜能。

例如，她常常利用那些玩具与卡尔玩角色扮演的游戏。卡尔最喜欢扮演的角色是"主妇"的角色，因为这样他就可以指挥他母亲扮演的"厨师"角色了。例如，请"厨师"给他做他爱吃的菜、品尝并评价"厨师"做的菜……为了让卡尔掌握更多的知识，扮演厨师的母亲常常向卡尔请示一些问题，如果卡尔回答得不得要领，那卡尔便会由"主妇"降格为"厨师"，而他的母亲也会由"厨师"升级为"主妇"。

降为"厨师"的卡尔要听从"主妇"的命令，例如，当"主妇"做菜时，她常常请卡尔来帮忙，例如，让他去择菜、请他去拿某种佐料……在这些时候，如果卡尔频频出错，他接下来就连"厨师"也做不成了，只好被"解雇"。

我常听卡尔的母亲跟我讲她与卡尔之间的"趣事"。例如有一次，她这样对我讲：

我经常与卡尔玩"他当妈妈，我当孩子"的游戏。这时卡尔经常指挥我做这做那，有时我会故意不好好做或干脆不做，被他发现后，他便一本正经地给我提意见。但我故意表现得像个任性的小孩，就是不认账，这时，卡尔就像个大人一样严厉地批评我。可笑的是，他批评我的那些话语正是我之前批评他的那些话。

通过类似的游戏，卡尔懂得了角色互换，懂得了站在父母的立场思考问题。当然，他故意不听我们话的情况少多了。

为了让卡尔玩得更有趣味，我还帮他制作了很多形状各异的木块。他经常用这些木块盖房子、搭桥、筑城等，由于这样的游戏不但需要动手，还需要动脑，所以，这也有效开发了卡尔的智力。

当然，在玩的过程中，他还会有意外收获哦！

有一次，卡尔用那些木块花了很大心思搭成了一个"大型建筑"。那是一座城堡，城堡里有房屋，有城门，有城墙，城门外还有一座精致的小桥。

卡尔完成了这一工程，正要叫我来看时，但是由于太激动，他的手不小心碰到了"城堡"的一角，那座"城堡"轰然倒塌，顷刻间变成了一片废墟。

那可是花了他很大功夫才完成的巨作呀！卡尔心痛得都要哭了。看到这种情景，我赶紧走过去安慰他。

伤心的卡尔愁眉苦脸地对我说："爸爸，刚才我搭成的城堡真的很美，可是，我却不小心把它弄坏了……"

我对他的遭遇表示了同情，之后，我又鼓励他说："卡尔，既然那座美丽的城堡已经坏掉了，再抱怨也没有什么意义了，即便你再难过，它也不能再变成刚才那种完美的样子。所以，你与其呆坐在这里难过，不如再重新做一个，也许它会比刚才那个更完美呢！"

听我这样说，卡尔立刻从沮丧的情绪中摆脱出来，打算再重新做一个。

我知道，我的话说起来轻松，但做起来却很难。因为搭建城堡是一件非常复杂的事情，把这么复杂的事情再重新做一遍，那要求人得有超强的耐心和毅力才行。

令我骄傲的是，卡尔再次完成了那项复杂的工程。

当他拉我去欣赏他的作品时，我简直惊呆了，没想到卡尔竟然能搭出如此精致而完美的作品来。

看到我欣赏的表情，卡尔自豪地对我说："爸爸，我认为这次搭得比上次还要好，因为我在第一次的基础上做了一些修改，并且用的时间少多了！"

卡尔自己能总结出这样的经验，我真的很高兴。因为我知道，只要他有信心开始第二次，那他就能搭出更好的作品，因为他会在第一次的经历中吸取很多经验。

当然，通过玩这种搭建建筑群的游戏，卡尔的毅力也得到了很好的锻炼。

我一直觉得，让孩子玩的游戏一定要精挑细选，应该尽量多地让孩子动脑。这样他才不会感到无聊，当然也不会有时间闹事或任性。

让孩子玩的游戏一定要精挑细选

虽然我们很少给卡尔买玩具，但卡尔从没感到过无聊。相反，他能利用他有限的玩具，玩得愉快而幸福。

⑤ 我和儿子玩的各种游戏

作为父母，只要我们善于利用游戏，那对于孩子来说，游戏就不仅仅是一种娱乐，更是一种学习知识的好方法。

例如，为了使卡尔的各方面能力都得到发展，我专门给他设计了一个可以游戏的运动场。那里的器具都很特别，有的可以用棒子敲打，有的可以举起来，使卡尔的肌肉得到锻炼。我认为，**父母与孩子一起做游戏最好有一定的目的性**，例如，或者可以使孩子的身体得到锻炼，或者使孩子的能力得到提升，或者使孩子的道德得到提高……对于孩子来说，这样的游戏才是有益的。

看到这里，有些父母也许要问："孩子会不会对有目的性的游戏反感呢？"

其实，孩子本身是不会觉察到游戏的目的性的。爱玩是孩子的天性，只要父母认真地跟他们玩，什么样的游戏他们都是愿意接受的。例如：

（1）猜猜你摸到的是什么

很多孩子小时候都爱玩这个游戏，卡尔小时候也特别爱玩，具体玩法是这样的：把孩子的眼睛蒙上，给他一个物品，让他猜这是什么，这类游戏能够有效地发展孩子的触觉，而且没有一个孩子会排斥的。

（2）数数游戏

为了发展卡尔的视觉，我们也经常做一些数数的游戏。例如，我把几颗棋子、大豆等小东西放在桌子上，让卡尔看一下说出它们的个数。又如，饭后，卡尔的母亲端来一盘水果，我会立刻问卡尔："盘里有几个水果？"又如，和卡尔走在路上时，我会突然问他："那件商店的橱窗里陈列着几件物品？"

诸如此类的游戏，不但让卡尔的视觉变得非常灵敏，而且还特别有效地提升了他的记忆力呢！

（3）乘法口诀的游戏

我亲自为卡尔制作了一些乘法卡片，即在卡片上写上 5×7、8×9、6×8 等类似的算式，然后把这些卡片正面朝下摞起来，一张张地往外抽。抽出一张翻过来，并让卡尔尽快说出答案。如果卡尔不能马上说出或说错了，我便说出答案，这时卡尔就输了。

（4）木头人游戏

为了让卡尔更好地控制自己的身体，我还常和他玩木头人游戏。即，我让他摆出某种姿势，并规定在一定时间内不能动，例如，我们以数数计量时间，在数到数字 10 之前不准动。与卡尔玩这个游戏的目的，是让他更好地控制自己的肌肉和动作。据说希腊人非常喜欢这种游戏，他们的动作之所以那么优美，我想，恐怕就是拜这个游戏所赐吧！

（5）搞园艺

卡尔很喜欢花花草草，亲手摆弄那些花草不但使得他很高兴，而且还能促进他的智力发展和身体健康呢。

在卡尔刚学会走路的时候，我就在院子的一个角落里开辟了一个小园子，并为卡尔买来小铁锹、小铲子等工具。闲暇的时候，我就教卡尔种些花草，并为那些已经长大的花草除杂草、浇水等，每次他都忙得不亦乐乎，因为在他的眼中，这些简单的劳动也是一种有趣的游戏呢！

通过搞园艺，卡尔对花草产生了兴趣，而且还养成了爱劳动的好习惯。

第十章

在培养儿子的善行上下功夫

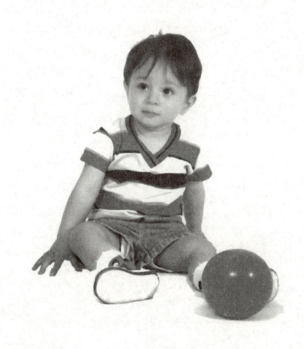

① 培养孩子的善行，父母要以身作则

柏拉图曾说："任何坏人都不是出于本人意愿成为坏人的。"

我之所以引用这句话，并不是在为坏人辩护，而是想告诉父母们：每个孩子的天性都是善良的，他们都希望自己能成为好孩子。但最终他们会变成好孩子还是坏孩子，关键在于父母如何引导他们。

俗话说，孩子是父母的影子，孩子是父母的翻版。这句话一点儿都没有夸大其词，它讲述的是一个真真实实的规律。

在生活中，这样的规律非常常见：母亲爱虚荣，女儿也会这样；父亲喜好喝酒，儿子也会这样；父母品德败坏，孩子也不会有好行为……所以说，孩子之所以会变坏，大多是受父母的影响或父母压根儿就没教育好他们。

"孩子的心灵是一块奇怪的土地，播上思想的种子，就会获得行为的收获；播上行为的种子，就能获得习惯的收获；播上习惯的种子，就能获得品德的收获；播上品德的种子，

父母是孩子的影子，受父母的影响非常大

就能得到命运的收获。"

这种说法完全正确。如果父母严格要求自己，做好孩子的表率，努力培养孩子的好品德，那就会为孩子的美好前程创造条件。这样的父母是值得人尊敬的。

在卡尔很小的时候，我就试图通过一些有效的方法，让他懂得什么是善、什么是恶，进而促使其拥有一颗乐于助人的心。

一次，卡尔在与小伙伴们一起玩时，悄悄地拿走了小女孩阿尔丽兹的一块糖果。在被人家发现后，卡尔还矢口否认。

知道这件事后，我严厉地批评了卡尔："你的这种行为非常糟糕，这是一种罪恶的偷盗行为。"

可是，年幼的卡尔似乎并没有认识到这种行为的恶劣，继续为自己辩解道："只不过是一块糖而已，这根本就不是偷盗！"

我没有大发雷霆，而是耐心地给他讲道理："你读过很多书，这个简单的道理你肯定明白。在别人不知道的情况下拿别人的东西，这就是偷盗行为，偷盗是可耻的！偷一块糖果与偷一袋金子的本质是一样的！"

一般来说，小孩子对很多事情是没有判断力的，不能正确地认识某些行为的本质，比如偷盗。他们往往不从本质上看问题，而是从量上看问题。就以"拿"别人的东西来说，他们觉得拿得少就不算偷，拿的多才算偷。在这些时候，父母千万不要忙于责备或惩罚孩子，让孩子认识到事情的本质才是最重要的。

当卡尔明白了自己的行为属于偷盗行为时，他羞愧得满脸通红，立刻去向阿尔丽兹道了歉，并给她送去了一大包糖果。

② 不要给孩子过多的零花钱

对于小孩子来说，如果他从小就能轻易地得到很多零花钱，日后他很有可能形成依赖别人的坏习惯。所以，我反对给孩子过多的金钱。

当孩子表现良好时，很多父母习惯奖励他钱，在我看来，这种行为是非常可怕的。一方面，孩子手中的金钱多了，会毫不珍惜地乱花，不需要买的东西也乱买，甚至还会错误地利用这些钱。另一方面，如果一个孩子总能很轻松地从父母那里得到钱，就很容易使他产生这样的错误想法：我可以依靠父母生活一辈子。这样的孩子长大后也不会为自己的生存奋斗，甚至还会一直堕落下去。

我有一位非常富有的朋友，他有一个儿子叫恩斯特。他非常溺爱这个孩子，因此时常给他很多钱。恩斯特的零花钱几乎是卡尔的10倍。

由于恩斯特手中的钱多，也因为他不知道如何正确地使用钱，所以他花钱特别大手大脚，因此在小伙伴们面前，他常常觉得高人一等。

由于"富有"又"大方"，恩斯特很受那些坏孩子的喜欢和追捧，他们常常讨好他、奉承他。还常对他说一些动听的恭维话。这使得恩斯特有些飘飘然了，把那些坏孩子当成自己的朋友。因此，他经常用父亲给他的零花钱请他们吃东西，偶尔还会把钱分给他人一些。

恩斯特的大方得到了那些坏孩子的"尊重"，他很快就成了他们的头儿。他们听他指使，对他唯命是从。

在与这些坏孩子交往的过程中，恩斯特渐渐发现了金钱的力量——它可以指使别人做任何事。于是，当有孩子不听他的话时，他就用钱"雇佣"其他的孩子去打他。久而久之，恩斯特变得心狠手辣、蛮横无理。

有一次，一个农夫不小心碰了他一下，他就怀恨在心，命令那些坏孩子把那个农夫打得头破血流，并威胁他不能将这件事告诉他父亲。

恩斯特真的把那些坏孩子当成了朋友，但他不知道，那些孩子对他好只是想从他身上得到好处，得到钱。他们引诱恩斯特赌博，并事先设计好了圈套让他输，用各种各样的方法骗他的钱。这些，恩斯特一点儿都不知道，他也不在乎，因为钱输掉了，他的父亲会马上又给他一笔。

俗话说，没有不透风的墙，不久之后，恩斯特的卑劣行为传到了他父亲的耳中。他的父亲暴跳如雷，把他狠揍了一顿，并停止了他所有零花钱的发放。

就这样，恩斯特一下子就变成了一个"穷人"。而他的那些所谓的"朋友"也开始远离他了。

在一次赌博中，恩斯特把剩下的仅有的那些钱都输光了。当他向那些孩子借钱时，那些孩子终于跟他翻脸了：

"你没钱就别再跟我们玩了！"

"你父亲不再给你钱了，你借了我们的钱，拿什么还我们呀！"

……

恩斯特生气极了，他没想到那些昔日的"好朋友"竟这样对他。他和他们争吵起来，并且大打出手。一群孩子打他一个，他当然吃了不少亏。趁着混乱之际，其中一个孩子竟然用石头砸破了他的头，令恩斯特做梦也想不到的是，那个孩子竟然是那个被打的农夫的儿子。

从这件事我们不难看到，孩子的成长与父母的教育之间的关系多么大呀！恩斯特的家庭环境很好，他有非常好的学习条件，本来他是可以成为一个爱学习、有学识的好孩子的。但实际生活中，他不但没能成为好孩子，还为自己的恶行付出了很大代价。不得不说，很大一部分原因要归罪于他那不懂教育的父亲。

我曾把这个孩子的经历讲给了卡尔听。卡尔当时气愤极了，他说这样的孩子和这样的父亲都是魔鬼制造出来的。我告诉他，以后一定要好好利用钱，要用它们去做善事，而不是胡作非为。在表示认同的同时，卡尔对我说："能有您这样的父亲，我感到很幸运和骄傲。"

③ 教孩子把钱花得更有意义

　　关于花钱，我总是教卡尔把钱花得更有意义。我告诉他，如果把钱都花在买点心、买零食上面，是没有意义的。但如果用钱来买可以长时间使用的文具，那钱花得就很有意义。有时我还引导他用自己的零花钱给家人或朋友买些小礼物，告诉他这种花钱的方法会更有意义。

对孩子的金钱教育要从小开始

　　每当周围有邻居遭遇天灾人祸等不尽如人意的事情时，我都会带着卡尔去看望。一个孩子将来能否成为一个受欢迎的人，跟他是否有同情心、是否会关心他人有很大的关系。因此，父母要想让孩子具备同情心，必须从他们小的时候就对其进行培养。

　　不仅是我，卡尔的母亲也非常注重培养他善良的性格。为了防止他变成一个只关心自己、不顾及他人的人，从他两岁开始，卡尔的母亲就有意对他进行训练。就从教他心疼妈妈开始。例如，教他用合适的方法帮妈妈消气、引导他照顾生病的妈妈，教他帮妈妈做一些力所能及的家务，等等。

正因为一直接受这样的训练，卡尔从小情商就很高。他能敏锐地感觉到别人的痛苦，并愿意帮别人缓解或减轻痛苦。也正因如此，我们周围的人，不管是大人还是孩子都喜欢他，都愿意跟他打交道。

有一次，我突然发现卡尔攒的零花钱一下子少了很多，对此我感到很奇怪，因为卡尔并不是个乱花钱的孩子，没有特殊的需要，他很少花钱。并且他每花一笔钱都会告诉我，例如，他要买文具或课外书，都会征求我的意见。

当我问起那些"消失"的零花钱的去向时，卡尔的回答让我感动不已。

卡尔认识一个朋友，名叫豪斯，是个农夫的儿子。

豪斯是个非常爱学习的孩子，由于家境贫寒，没有机会上学，但他对书本有非常浓厚的兴趣。

豪斯告诉卡尔，他非常想读书，可是对于他贫寒的家境来说，书本却是非常奢侈的东西。因此，他一有机会就听卡尔给他讲书中读到的故事。卡尔平时的玩伴并不多，对书本如此痴迷的玩伴更是少之又少，所以，卡尔很快就与爱书的豪斯成了知己。

自从认识后，两个有共同语言的知己经常在一起聊天。卡尔给豪斯讲在书中读到的故事，豪斯给卡尔讲他的生活和家庭。

通过豪斯的讲述，卡尔对他的家庭状况有了很多的了解：豪斯的父亲是一位非常勤劳的农夫，为了家庭，每日都在辛辛苦苦地劳作。他的母亲是位非常善良的女人，虽然没受过教育，但她希望自己的孩子能受到教育，成为一个有出息的人。但由于他们家条件实在不好，不能供儿子去读书，为此她常常黯然落泪，并深深地自责。

豪斯告诉卡尔，他非常羡慕卡尔，因为他有很多很多书，还有文具及其他学习用品。他说，如果他有这样的条件，他一定也会成为一个有学识、有作为的人。

卡尔被豪斯深深地打动了，他立刻跑回家给豪斯拿来了一些笔和本等学习用品，还把自己积蓄的一大部分送给了豪斯。他对豪斯说："虽然它很少，但这是我的一点心意，请收下。"

后来，豪斯的父亲亲自带着豪斯来我们家道谢，他说，威特牧师，你的孩子就像是一个有爱心的天使，真羡慕你有一个如此优秀的孩子。

我给卡尔零花钱，是为了让他买学习用品，是为了让他用钱去帮助别人，培养他的善行。正因如此，卡尔从小就知道用自己微小的力量去帮助别人。

④ 我教儿子怎样用钱

卡尔一直有积攒零花钱的习惯，当他渐渐长大，已经攒了一笔数目不小的钱了。从那时起，我就开始指导他怎么使用那些钱。

通过对一些孩子的观察和研究，我发现他们身上大多存在类似的错误：没有积攒的习惯，花掉的钱永远比积攒的多；花钱如流水，总把身上的钱花个精光；仅仅把钱当作一种买东西的工具；只有在花钱的时候会有满足感；盲目享受，总是超支……

这些几乎是所有孩子都会犯的错误。父母要想帮助孩子改掉这些坏习惯，必须帮他们树立起码的、正确的金钱观，培养他们最基本的理财能力。

不能因为爱孩子就一味满足孩子的物质要求

很多父母非常宠爱自己的孩子，只要孩子开口，就满足孩子的要求，但父母们没有考虑到的是，放纵孩子过分的物质欲望，只会使他们养成各种各样的恶习。例如，不思进取，只想依赖父母等。这样的孩子长大后是很难自立的。更重要的是，他们不懂如何花钱，即使父母留给他们一大笔钱，他们也会挥霍一空。

我之所以给卡尔零花钱，主要是为了教他学会如何用钱，并培养他建立正确的金钱观。除了每月固定的一些零花钱，我从不会无计划、盲目地给他钱，当然，一些特殊情况除外，例如，他需要用钱去帮助别人。

我把我对卡尔的这种教育称为理财教育，它是我教育卡尔的一个重要组成部分，也是我培养卡尔素质的重要内容。

我发现，大多数孩子的自我意识在3岁左右时就开始萌发了，这时他们会产生"我自己来"、"我会做"、"我能做"等想法，这时，父母就应该对孩子进行理财教育了。与其他方面的教育一样，理财教育是孩子成长必不可少的丰富养料，因此，大多数家长观念中的那种"不能让小孩子接触钱"的想法是错误的。

"不能让小孩子接触钱"的做法是错误的

我之所以主张父母们从小对孩子进行理财教育，并不仅仅是为了让孩子学会攒钱或经商，而是要让他们成为一个具有正确金钱观的人。

具体来讲，我对卡尔的理财教育分为这样几个方面：

（1）一定要教孩子诚实

这一点很重要，因为这关系到孩子将来以什么样的态度去从事那些与金钱相关的活动。

在这方面，我是这样对卡尔进行教育的：

我经常给他讲一点真实的事或书中的故事，在他的头脑中加深诚实的概念，以及不诚实的后果。

另外，在生活中，如果个人利益与诚实产生矛盾，我常常激励卡尔放弃个人利益，选择诚实。

（2）教孩子在金钱面前保持自尊

我时常告诫卡尔，千万不要为了金钱什么都去做，让他懂得在金钱面前保持自尊。

（3）教孩子学会节俭

在对卡尔的理财教育中，我重点让他学会节俭，认识每件东西的价值。我坚决反对浪费和过度消耗一些资源。当然，这种教育需要每个家庭成员的配合。对每一个家庭来说，如何持家是非常重要的，在日常生活中，我们应该教会孩子认识每件东西的价值，这样孩子才会爱惜它。

我经常让卡尔帮我做一些力所能及的事情，以此来换取他想得到的东西。我还常常跟他一起讨论地球上的资源，告诉他金属、木材以及纸张是从哪里来的。如果他有意破坏家里的一些物品，我会惩罚他亲自去修理或跟我一起修理。

教孩子学会节俭是非常必要的

（4）告诉孩子，人人爱财，但不能一味贪财

我还告诫卡尔，尽管我们都十分喜爱财物，但不要因此一味贪图财物。因为财物虽然可以给我们的生活提供支持，但它不能创造一种真正有意义的生活。

我一向是一个简朴而克己的人，时刻都在教卡尔学习我的简朴作风。当一个孩子真心喜欢上简朴的生活时，便很难变成一个贪心的人。

5 怎样才不会惯坏儿子

　　无论在教卡尔学习知识还是培养他的善行时，我都从不斥责他，而是耐心地讲道理。我认为这才是最有效的教育方法。

　　有一次，我在大街上看到一个小孩在虐待一只小狗，他用一把梳子使劲儿打那只小狗。看到这种情况，我忙走过去制止他。

　　我问他："孩子，你为什么这么打这只狗？你不觉得它很可怜吗？"

　　他回答："我的父亲经常这样打我，都没人可怜我，这只小狗也不应该被可怜。"

　　在我周围，我经常能看到一些孩子被父亲打得遍体鳞伤：他们的脸被打肿了，甚至被打坏了耳膜……每当遇到这样的事情，我都心痛不已。

　　我曾多次说过，自尊心是一个孩子品德的基础。如果一个孩子失去了自尊心，他的品德也会瓦解。很多孩子长大后之所以变成盗贼、乞丐、赌徒，都是他们失去自尊心的结果。父母经常责打孩子，除了会伤害孩子的身体之外，对孩子的自尊心也会有不可估量的伤害。

　　父母要想让孩子成为有教养的人，首先应该懂得自我约束，给孩子做出好的榜样。如果这一点做不好，任何教育都会成为一句空话。

　　例如，即使在家中，即使面对的是年幼的孩子，父母说话时也一定要讲礼貌。对孩子也要用"请""谢谢"等文明用语。不仅如此，即使对家禽或宠物，也不能用粗俗、难以入耳的语言。

当孩子表现出不良行为时，父母别责骂他们，用阅读和劳动的方式帮他们改正，效果会更好。我觉得，孩子的任何不良行为都能通过阅读和劳动的方式得以纠正。在阅读中，孩子会读到正确的知识，会懂得正确的道理；而劳动可以让孩子体会到他人的辛苦，会让他们感觉到一切都来之不易。

可以这样说，如果一个孩子喜欢读书，同时又热爱劳动，那这个孩子就很容易成为一个有教养的人。

曾经有个恶汉在法庭上傲慢地说："我自生下来就不知道书本是什么东西，也从未劳动过一天。"由此可见，罪人多是无知的、懒惰的。

我的一个朋友家的孩子非常顽皮，而且不讲道理。他经常去花园里践踏花草，并且屡教不改，父母为此伤透了脑筋，对他都快无计可施了。

了解了朋友的苦恼，我给他出了一个主意：你给孩子买把锄头和铁锹，让他自己去种花。

朋友照我的方法去做了，令他没想到的是，这个他并不看好的方法竟然真的把儿子的坏毛病给改正了。他的孩子不但爱上了种花种草，还非常爱惜它们，不但自己不再去破坏它们，还经常制止别人破坏它们呢。

为什么我的这个方法如此有效呢？

原因有两点：第一，这个孩子过剩的精力被引导到种花种草上来了，所以就很少搞破坏了；第二，在劳动中，孩子体会到了他人劳动的辛苦，所以，他不忍心再毁坏花草了。

由此可见，良好而有效的教育方法对孩子的成长能够产生多么大的魔力呀！

第十一章

① 专心致志的习惯

当卡尔的学习取得一定成果之后，很多父母这样问我："为什么我的孩子天天坐在书桌旁苦学，成绩却丝毫没有长进呢？为什么不见卡尔苦学，他却学得如此好呢？"

其实，很多孩子之所以成绩不佳，大多是由于他们不能专心学习导致的。很多孩子长时间坐在书桌前，看起来是在学习，但实际上他们却是在那里发呆，或者是捧着书天马行空地走神。这样的学习状态，孩子又如何能学好呢？与其让孩子这样偷偷摸摸地发呆，父母还不如带孩子出去痛痛快快地玩呢。

我有一个朋友，他的儿子非常聪明，叫哈特威尔。哈特威尔比卡尔大 10 岁，他是看着卡尔长大的。他小时候跟卡尔一样，对所有事都充满了极强的好奇心，是个求知欲很强的孩子。每当我去他家做客时，他总会围着我问很多这样那样的问题。

但是，当他开始接受正规教育时，朋友告诉我，他的成绩并不好。我也很奇怪，为什么这么聪明而又有求知欲的孩子，成绩却不好呢？

专心致志的学习才是有效的学习

为了解开我心中的疑问，也为了帮他的父母解开这个谜，在征得朋友的同意后，我开始悄悄地观察哈特威尔的学习过程。

到了学习的时间，哈特威尔开始坐在书桌前背古诗，我在另一个房间里观察他。刚开始，我能听到他背诵的声音，但渐渐地，声音越来越小，到最后，我一点声音也听不到了。当我偷偷向书房里看时，发现他正捧着书本看着窗外发呆呢。

我知道，他肯定在走神。他的父亲看到这种情况立刻火冒三丈，想过去教训他，但被我拉住了，我打算帮他跟孩子好好谈一谈。

我悄悄地走进哈特威尔的书房，来到他的身后，他竟然没有发现。由此可见，他想事情想得多入迷呀！我轻轻地拍了拍他的肩膀，他竟然吓得打了个哆嗦。

我微笑着问他："哈特威尔，你在想什么？"

哈特威尔知道我识破了他的行为，不好意思地低下了头，没有说话。

在我的再三询问下，他终于说出了实话："我在想昨天发生的一件事。当时我在和小伙伴们一起玩，但有一个高个子的孩子欺负一个小孩子，我觉得很气愤。所以，我想，如果我是古代的骑士就好了，这样我就可以骑着高头大马、拿着宝剑去救那个小孩子了……"

哈特威尔说得很兴奋，但我不得不打断他："听我说，孩子，你知道吗？帮助别人是好事，但你不能只是在这里想呀，你应该像个真正的英雄一样去帮助那些需要帮助的人。当然，帮助别人也需要技巧和能力。你现在背诵的这些诗里，就包含着很多英雄事迹，所以，你应该学习一下古代那些英雄的智慧，而不应该只是坐在这里当幻想中的英雄，你说对吗？"

"对！我明白了！"哈特威尔好像突然开窍了一般，"我先学习书中的那些英雄的智慧，等我学完后再去锻炼身体，到那时，我就可以成为一个真正的英雄了，就可以帮助那些受欺负的孩子了。"

后来，哈特威尔的父亲再遇到我，对我说："威特牧师，你的教育方法真神奇，现在哈特威尔学习专心极了，他的成绩提升得也特别快。"

当一个孩子不能够专心对待学习时，即使坐在书桌前的时间再长，也学不出效果、学不出成就。所以，父母若是能够想办法让孩子把注意力都集中在学习上，那他们成绩提升便是自然的事。

② 做事讲效率的习惯

要想让孩子学有所成，父母还必须让孩子养成做事讲效率的好习惯。我们每个人的生命都是有限的，人的一生只有几十年，其中还有大部分时间是在睡觉、休息，如果不能抓住有限的时间多学点儿知识，宝贵的时间就会像流水一样悄然流逝。

如何让孩子在有限的时间内学到更多的知识呢？让孩子有效率地学习是非常必要的。

一天，卡尔想做数学题，我给他出了一些题目，我知道，要做完这些题目需要一定的时间，所以，我给了他一个时间限制便离开了。在这段时间内，我一般不会去打扰他的，因为我希望他能专心地独立解决问题。

可有一次，为了找一本很重要的书，我必须进他的房间。但令我没想到的是，他没在做练习，而是在房间里转来转去地玩。

我有些生气地问他："卡尔，你不是在做练习题吗？怎么玩起来了？"

没想到卡尔竟然漫不经心地回答："那些练习题对我来说太简单了，我用很短的时间就能把它做完，所以，现在我先玩一会儿。"

卡尔的话令我更气愤了，我严肃地对他说："既然你觉得这些题目简单，那就再给你加两道。"

卡尔似乎很不明白我为什么那么生气："可是，爸爸，你为什么要给我加题呢？"

我一本正经地对他说："你不是觉得时间很多吗？那就应该多做些事！"

卡尔知道我的作风，言出必行，所以，我又给他出了两道题便离开了他的房间。

规定的时间到了，我去检查卡尔做题的情况。跟我预想的一样，卡尔的题目没有做完，那时，他还有一道题没有做呢。

我严肃地对他说："卡尔，停下来，我要检查你的做题情况了。"

卡尔抬起头，不高兴地说："可是，我没做完呢！"

我丝毫不理会他："我只是给你加了题，并没有给你加时间。"

卡尔有些委屈了："可是，这不公平！"

我仍不退让："我觉得这很公平，你总认为自己的时间太多，那就应该用多余的时间做完这两道题。如果你之前没有磨磨蹭蹭地浪费时间，是不是能把这两道题做完？"

卡尔低下了头。

我接着说："做事拖沓是一种非常可怕的行为！你想想看，如果你早就做完了我之前给你出的题目，不就可以用剩下的时间去看喜欢的书，或做喜欢做的事了？在磨蹭的那段时间里，你什么都没做，这不就相当于把一大杯牛奶倒在了地上吗？这是一种对时间、对生命的浪费呀！"

卡尔向我承认了错误，并承诺以后再也不磨蹭了。事实也正如他承诺的那样，在以后的日子里，卡尔做事非常有效率，再也没磨蹭过。

③ 精益求精的习惯

教孩子学知识就像盖房子一样，如果不严格要求，那盖出来的房子只能是"豆腐渣"工程。

卡尔从小就喜欢画画，我给他买了很多名画的复制品，还经常给他讲解艺术家是怎样将那些名画画得那样完美的。也许正是因为这个原因，卡尔在做事情时也非常讲究精益求精。

他特别喜欢画小桥，特别是秋天金色太阳下的小桥。他曾对我说，小桥常常给他神秘莫测的感觉，尤其是在晴天的时候，在强烈阳光的照耀下，桥上的石头会泛出金黄色的光芒，桥下的河水是蓝色的，太阳光反射在波光粼粼的水面上，犹如蓝宝石一样美丽。

有一次，我带卡尔去村外的河边画画，就画他最喜欢的那座小石桥。他坐在河边的石头上画画，我在一旁的树荫下看书，看书看累了，偶尔看一眼专心致志的卡尔，我感觉很幸福、很享受。

一会儿，卡尔画完了，自豪地拿着画板来让我欣赏。他画得的确非常不错，画中有小桥，有流水，还有村庄，而且它们搭配得错落有致，非常美。但如果从专业的角度仔细研究，他的这幅画还是有一些瑕疵的，于是，我委婉地提醒他："卡尔，这幅画很美，但与你刚才描述的相比，还差一点儿。"

卡尔又把目光转向那座小桥，认认真真地观察着，突然，他像想到了什么似的对我说："我知道了，流水的颜色有深浅的变化，我忘记画了。"

说完，他又坐到那块大石头上去修改。

不一会儿，卡尔又把画板拿到了我面前："爸爸，你看这次完美了吧?"

这次比上次好多了,但仍然存在不完美的地方,于是,我又对卡尔说出了我的心里话:"嗯,比上次好多了,不过,你所说的神秘感没有画出来吧?"

其实,我本想给他提完意见就带他回家的,因为那天我们已经出来很长时间了,也该回去了。

但卡尔丝毫没有回家的意思,仍然坐在那块大石头上,只见他一会儿端详自己的画,一会儿又观察桥下的流水,一会儿又咬着画笔认真思考。看他的神情我就知道,我的要求对他来说太高了,也许只有专业的画家才能画出那种感觉吧。

于是我对他说:"卡尔,你的画已经画得很好了,等以后再慢慢修改吧,我们该回家了。"

但卡尔头都没抬地回答我:"爸爸,请等一下,我很快就想出修改方案了。"

说完他拿起画笔,在画板上时画时停,偶尔还会自言自语地对着画嘟囔几句。

终于,他大功告成了。

当卡尔把第三次修改的画拿到我面前时,我惊讶得都快呆住了——他的画真的非常非常美,而且还透露着一股神秘的气息。

我用不可思议的语气夸奖他:"卡尔,你可真行,你的画画得太棒了!"

卡尔开始兴奋地给我讲他的经验。

在回家的路上,我问卡尔:"其实你第二次就画得相当好了,为什么还有那么大的耐心修改第三次呢?"

卡尔一本正经地对我说:"爸爸,不是你告诉我的吗?做事情要精益求精。"

看着卡尔那认真又天真的表情,我真不知道该再说些什么,只能紧紧地握住他的手。

④ 坚持不懈的习惯

在卡尔还是幼儿的时候，我们就特别注重培养他坚持不懈的习惯，即持久力。

当然，对于这些幼儿来说，要想让他们拥有持久力，父母先要对他们注意力的持久性进行培养，因为孩子注意力持久是他们行为持久的前提。

为了让卡尔的注意力拥有持久性，卡尔的母亲想出了一个好游戏：她用一个能引起卡尔注意力的玩具，例如，一个用布做的黄色小猫做道具，来与卡尔做游戏。例如，当卡尔的注意力被那只小布猫吸引住的时候，卡尔的母亲便把小布猫放在卡尔伸出手差一点就能够到的地方，吸引他去抓。当卡尔抓不到准备放弃的时候，他的母亲便使劲儿推着他的脚鼓励他："用点儿力，很快你就可以抓到了……"

往往卡尔一使劲儿，用力向前一点点，就会把那只小猫抓住。这时，他的母亲会亲吻他，并祝贺他取得了成功。

当卡尔会爬时，再与他玩这一游戏时，他的母亲就会增加训练的难度，例如，当卡尔快要够到玩具时，她会把玩具再拿远一点，并鼓励卡尔继续去拿。

这样做不仅培养了卡尔的毅力，而且锻炼了卡尔的爬行能力，真是一举两得。

当卡尔再大一些时，我和他的母亲仍然用类似的方法培养他坚持不懈的能力，当然，这次用的道具不再是玩具，而是书。多读一页，再多读一页……就是在这样的坚持中，卡尔的意志力越来越坚定。

为了让卡尔的数学水平有所提高，我经常给他出一些有难度的题目，当然，有时那些题目可能会远远超出他的能力所及范围。

每次给他出了难题之后，我都会离开他的房间，这样他就可以专心思考了，等他把题目解出来，他自然就会走出他的房间。但有一次，卡尔迟迟没从房间里走出来，当时已经远远超出了我给他规定的时间。我有些担心，便走进他的房间去看看情况。

正如我所料，当我走进卡尔的房间时，他正在那里低着头冥思苦想呢，看来那道难题真的把他难住了。

看着卡尔费力思考的痛苦表情，我轻轻地安慰他："卡尔，这道题是有些难度，你先休息一会儿，明天再继续思考吧！"

但卡尔头都没抬地回答我："不，爸爸，也许我一会儿就找到正确的思路了，请再给我一些时间好吗？"

说完，他又继续埋头思考，还不停地在草稿纸上写写画画。

我不想打扰他，便走出了他的房间。

然而，到了该吃午饭的时间，卡尔还没有出来。他的母亲有些担心了，有点责备地对我说："你不应该让卡尔做那么难的题，你是知道的，他的自尊心很强，做不出来他会很难为情的。你再去劝劝他吧，别让他太累了。"

于是我再次走到卡尔身边。

我对他说："卡尔，这道题的确太难了，爸爸知道你已经尽力了，没有思路就不要继续做了。"

但卡尔仍然在坚持："爸爸，快要做出来了，就差一点点了，我马上就能把它做出来了。"

面对如此执着的卡尔，我只得走出房间，耐心地坐在餐桌前等他。

时间又过去了半个小时，终于，我听到了卡尔兴奋地喊叫，"爸爸，爸爸，你看……"

我知道，卡尔成功了！那一刻，我激动不已，为卡尔能解出那道难题，更为他坚强的毅力。

从卡尔手中接过那张纸，我欣喜地发现，卡尔的答案不但完全正确，而且他想出了比标准答案更简洁的方法。

那天晚上，卡尔吃了很多东西，睡觉也比平时香多了。我知道，他的确累坏了。

从那以后，不但卡尔的解题能力提高了，他的意志力也上升了一个档次。

⑤ 我怎样杜绝孩子产生恶习

一位母亲曾问我："最近一段时间，我的儿子脾气暴躁得很，动不动就大发脾气，有什么方法可以帮助他呢？"

其实，要想让孩子变得有礼貌、有涵养，不乱发脾气，父母首先要搞清楚他们乱发脾气的原因。

孩子为什么容易发脾气呢？

在我看来，原因有两点：

第一，孩子的感情比较脆弱，容易被激怒。当他感觉到不高兴时，他不像成人那样懂得自我调节，也不懂得自我控制，所以，只能通过发脾气的方式表现出来。

第二，当孩子心中有压力时，他们就容易发脾气。例如，很多父母常常会给孩子制定很多条条框框，规定他必须做什么，不能做什么。当孩子不愿意或不能完全按照父母的意图去做时，就会产生挫败感，就会发脾气。

我一向主张要对孩子进行严格的教育，但严格也是有度的，当我们的严格超出了孩子的容忍范围，孩子就会产生挫折感，就会不知所措，进而就容易乱发脾气。

当孩子心情不好时，父母千万别再去招惹他们；当孩子遇到困难时，父母更不要用过激的话刺激他，要等他慢慢平静后再去开导他。当然，如果孩子已经发脾气了，父母应该及时采取正确的处理办法，以免孩子的心情更加糟糕。

在教育卡尔以及对其他孩子进行观察的过程中，我积累了一些经验和方法，可以使发脾气的孩子慢慢平静下来。

具体来讲，这些方法有以下几种：

（1）当孩子发脾气时，父母应尽力转移他的注意力

当孩子发脾气时，父母首先要保持冷静，千万别简单地斥责或制止他们，这无异于火上浇油，会使孩子的情绪越来越糟糕。这时，父母应该努力转移孩子的注意力，使他暂时忘记那些不高兴的事，慢慢平静下来。

很多孩子发脾气时不准别人抱他，这时，父母千万别强行抱他，只要收拾好周围易碎的物品，保护好孩子不要受伤就行了。

（2）当孩子正在气头上时，别给他讲道理

当孩子正在气头上时，父母不要试图给他讲道理，即使你的道理讲得再明白，再透彻，孩子也不听或者根本听不进去。万事都要等孩子冷静下来再说。

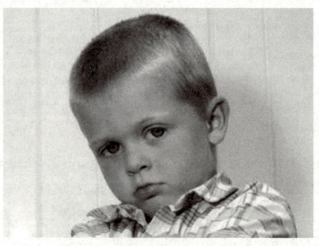

孩子在气头上时别给他讲道理

当然，父母也不要向孩子发脾气，因为坏脾气就像传染病，一个人试图用自己的坏脾气去制止别人的坏脾气，是不可能的，那只会使别人的脾气越来越大。

（3）对待孩子的坏脾气，别奖励也别惩罚

对于孩子的坏脾气，父母不应该去奖励或惩罚他，而应该让他懂得，乱发脾气是解决不了问题的。例如，如果孩子因为不想吃饭而乱发脾气，他的脾气发完之后，饭还是要吃的。

（4）孩子在大庭广众之下发脾气，别纵容他

如果孩子在大庭广众下发脾气，父母一定不能顺从他。

只要孩子在公众场合一哭闹，很多父母就无原则地顺从孩子，其实这种做法对孩子是非常有害的。孩子虽小，但实际上也有狡猾的一面，非常会利用父母的弱点。

关于这一点，父母一定要警惕。当孩子当着客人的面向你提要求时，合理的要求你要满足他，否则等孩子发起脾气来就不好办了。当然，如果孩子的要求不合理，父母可以不直接答复他，而是这样对他说："等客人走了之后，我要研究一下。"

在卡尔3岁的时候，一位亲戚带着自己的小女儿来我家做客。按年龄算，那个小女孩应该是卡尔的表妹。由于年龄差不多大，两个孩子在一起玩得特别好，可在一起呆了两三天，他们之间便产生了矛盾。

这天，卡尔在院里用积木盖房子，小表妹也兴致勃勃地跑来帮忙。

刚开始，一切都很和谐。卡尔像个小工程师一样指挥表妹做这做那，而小表妹也很配合，但没过一会儿，小表妹就不听话了。她故意不听卡尔的指挥，把积木乱放，卡尔让她把积木放在这儿，她偏偏放在那儿；卡尔让她把积木拿下来，她偏偏不……就这样反反复复了好多次，两个孩子争吵了起来。

听到争吵时，我和亲戚连忙都跑了出来。

当时，卡尔气愤地看着地上的积木，而小表妹则坐在地上哭。

看到这种情况，我立刻严肃地询问："卡尔，发生了什么事？"

卡尔指着哭泣的小表妹说:"她不听我的话,还捣乱。"

弄清楚事情的来龙去脉后,我开导他:"卡尔,小表妹是客人,你应该让着她!"

没想到卡尔根本不听我的话:"我就不让着她,谁让她给我捣乱了。"

说完,他还一脚把刚才搭了一半的房子踢倒了,然后怒气冲冲地跑回了自己的房间。

卡尔的反常表现让我感到很吃惊,他从没乱发过脾气,今天发脾气也许是因为有客人在场的缘故吧。

面对这种情况,我当时没有对他发脾气,也没有给他讲道理,而是去安慰一直在哭泣的小表妹。

吃晚饭的时候,我故意安排卡尔和小表妹坐在一起,然后才一点点地引导他:"卡尔,你有没有觉得今天你那样对待小表妹是不对的?"

卡尔回答:"我没有觉得自己不对,我觉得小表妹不对,她不懂如何搭房子,还不听我的指挥。"

"没有一个人生来就精通所有的事情。小表妹不懂,你可以教她呀,为什么要任性发脾气呢?再说了,一个人的能力是非常有限的,两个人一起合作,岂不是能更快地把房子搭好?"

卡尔低下头,不再说话了,我知道,他已经听懂其中的道理了。

第二天,卡尔和小表妹玩得很开心,他们一起合作搭了一座非常棒的"宫殿"。

很多父母几乎每天都在教育孩子,但令他们头痛的是,他们的孩子却仍然在一天天地变坏,而且越来越不听他们的话了。不得不说,这是父母们教育不得当的后果。

⑥ 当儿子有了"恶习"时

孩子毕竟是孩子，在成长过程中，不可避免会产生这样那样的不良习惯。面对孩子的不良习惯，父母更应该注意教育方式。

（1）千万不要当众教育孩子

很多父母认为，在大庭广众之下教育孩子才会让孩子得到教训，而且还能树立自己的权威。我认为这种做法是万万使不得的，因为这会深深伤害孩子的自尊心。一个孩子的自尊心受伤了，他就很容易"破罐子破摔"。

我从不当众教育卡尔，不论他犯了多大的错误，只要有外人在场，我只字不提他的缺点，也绝不会指斥他的错误。

我认为，**父母教育孩子是有前提的，这个前提就是——必须保护孩子的自尊心，维护孩子的荣誉感**。连我们大人都渴望得到他人认同，更何况孩子呢？

教育孩子最忌讳的事就是当着孩子朋友或伙伴的面斥责他，这会使得孩子颜面尽失、羞愧难当。而且会使小伙伴们抓住孩子的把柄，嘲笑孩子，久而久之，会影响孩子的身心健康。

（2）面对孩子，一定要心平气和

在对卡尔的教育过程中，无论他做了好事或坏事，我都竭力做到心平气和，用一种平静的心态去对待他，因为教育孩子是一种最需要耐心的工作。

当卡尔犯了错误时，我会给他讲明白道理，但不是长篇大论，而是用最简洁的语言让他明白。言简意赅的教育方式才能达到最佳的教育效果。

　　我最讨厌做父母的用打骂的方式教育孩子，且不说这种粗暴的行为所起到的教育效果是短暂的，更重要的是，它不可能把孩子教育好，有时甚至会适得其反。

　　当然，父母也不应该用那些粗俗的话来教育孩子，如"我不要你了，滚！""你简直无可救药了！"……这会给孩子的心灵造成不可磨灭的伤害。

⑦ 什么教育方式才是有效的

　　如果父母的教育方式是科学的，那他们的孩子是幸运的，因为在父母的正确教育下，孩子一定能健康成长。

　　在教育卡尔的过程中，在努力制止他的不良行为的同时，我还在尽最大努力把我的教育方式对他造成的负面影响降到最低。我认为，父母教育孩子是要遵循最基本的原则的。

　　我的一位朋友家有两个孩子，一男一女。其中他的儿子是个非常调皮的孩子，经常做一些令人心烦的事情，例如，他不是欺负妹妹，就是欺负别的小伙伴。

　　有一天，这位朋友找到我，让我给他推荐一些管教孩子的方法。他苦恼地对我说："我要被我的儿子气死了，他的行为真的太令人讨厌了，他不但喜欢捉弄别人，连吃面包都故意跟别人不一样。我怎么觉得他无论做什么，好像都是在故意气我呢？"

　　听了朋友的讲述，我很惊讶，同时也很好奇，这是怎样一个孩子呢？为什么连吃面包都跟别人不一样呢？于是，我打算去会会这个孩子。

　　那天，我和朋友一家共进午餐。我一边吃东西，一边观察那个调皮的男孩。只见他一点点地仔细地把面包的皮剥下来扔到一边，然后把面包芯捏成一个球放在嘴里。不仅如此，他还故意做着鬼脸对他的母亲说："妈妈，你看，我把面包皮剥下来了。"

　　他的母亲很生气，以至于当着我的面就开始训斥他："你这个孩子怎么那么讨厌，你在浪费粮食，你知道吗？"紧接着，他的父亲也要发怒了。

这时，我对孩子的父亲使了个眼色，示意他不要理会孩子。饭后，我告诉了他一个"对付"这个孩子的妙方——对孩子的怪异行为假装没看到。

第二天，这个孩子故伎重演，他又把面包皮剥下来，然后挑衅似的对他母亲说："妈妈，我又把面包皮剥下来了。"

他的母亲只是"哦"了一声，接着又低下头继续吃饭。

孩子感觉很奇怪，问母亲："您不批评我吗？"

"不批评。"他的母亲只是简单回答了他，便不再理会他。

接着，这个孩子又向他的父亲挑衅，但他的父亲也表现得很平静，没生气，也没批评他。

就这样过了没多久，这个孩子的父亲再次见到我，他说，他的儿子不但改掉了剥面包皮的坏习惯，其他坏习惯也改了不少呢。他很奇怪，为什么我的方法会这么好使呢？

其实道理很简单，那个孩子之所以事事表现得与众不同，无非是想用那些怪行为来吸引父母的注意，即便因此受到了父母的批评，他也会觉得心里很舒服。在他眼中，父母的责骂就是一种奖励，而他的那些搞怪行为就是为了得到父母的奖赏。在这个时候，父母越是跟他较真，越是生气，就越是钻进了他的圈套。所以，当父母对他的怪行为漠不关心、不闻不问时，他自己也渐渐觉得没意思了，就不再重复那些怪行为了。

生活中，有类似心理的孩子有很多。例如，我还见过这样一个男孩：

他总爱说粗话，这是因为他的一个玩伴总爱说"屁股"二字，他觉得很好玩，于是也总是跟着说。他的母亲觉得这两个字有伤大雅，每当听到孩子说时，就会及时制止。但令她没想到的是，她的制止不但没有起到效果，反而使孩子的怪行为愈演愈烈了，她的孩子不停地说那两个字，后来无论做什么，都要带上那两个字，例如，"屁股点心""屁股桌子""屁股椅子"……母亲非常生气，最后干脆不再理孩子。谁知道，正是由于母亲的不关注、不理睬，孩子竟然渐渐不再说那两个字了。

当然，并不是孩子的所有不良行为都能通过"忽视"的方法解决。每个孩子在成长的过程中，都可能会出现这样那样的坏习惯，例如，他们有的任性，有的自以为是，有的爱捉弄人，有的爱搞破坏……面对孩子身上的这些具体的问题，父母一定要采取对应的办法，这样教育才能起到最佳的效果。例如：

卡尔小的时候总是乐此不疲地在墙上乱涂乱画，虽然我给他买了绘画用的纸、画板等，但他仍然趁我不注意时偷偷在墙上画几笔。

有一次，卡尔正在墙上画着什么，恰好被我发现了。

我当即制止他："卡尔，你在做什么？"

卡尔把画笔藏在身后，还故意用身子挡住墙上他画的内容。

我没有批评他，也没有给他讲道理，只是制止了他的行为，并让他到自己的房间里去反思。

过了一会儿，我让他出来，并严肃地问他："你为什么在墙上画画？"

卡尔低着头小声地说："爸爸，我知道错了。我有画画纸，还有画板，我不应该破坏墙壁的整洁的。刚才我在房间里想明白了，我的行为是错误的，爸爸，您惩罚我吧。"

我没有惩罚卡尔，因为他已经认识到了自己的错误，而这也是我让他去自己房间反思的目的。

很多时候，孩子做坏事或表现出不良行为，纯粹是因为一时兴起，或者也许他们知道不该那样做，但只是没有管住自己的行为。在这种情况下，如果父母当时就去训斥他、批评他，效果并不一定是最好的。**只有让孩子从内心深处真正认识到了自己的错误，他们才不会再重复类似的错误。**所以，针对这种情况，父母不批评、不发怒，让孩子一个人静静地反思才是良策。

⑧ 孩子为什么贪吃

为了卡尔的身体健康，我常常给他讲吃得过多的害处。当然，我这样做的目的是为了不让他养成贪吃的坏习惯。

我常常这样对卡尔讲："如果一个人总是吃得过多，他的脑子就会变笨，心情也会变坏，甚至还会生病。想想看，一旦生了病，你不但要承受身体的痛苦，而且也不能学习或玩耍了。不仅如此，爸爸妈妈还得特意照顾你，因此有好多事情就做不了了。你看，你一个人生病，会给大家造成多大的麻烦呀！"

为了让卡尔懂得身体健康的重要性，也为了让他养成合理饮食的好习惯，我经常带他去看一些生病的孩子。我觉得，这样做是对他最好的教育。

有一次，我和卡尔在散步，遇到了他的朋友。

我问候那个孩子："你及你的家人都好吗？"

他微笑着说："谢谢，都很好。"

我又问："你的弟弟生病了吧？"

他很惊讶地说："他的身体是出了点儿毛病，但是，您是怎么知道的呀？"

我笑着说："因为圣诞节刚过呀！"

我并不是胡乱猜测的，因为大家都知道，那个孩子的弟弟贪吃，每当过圣诞节时就会拼命吃东西，肯定会吃坏身体的。

于是，我和卡尔去看望他，不出我所料，他一会儿喊肚子痛，一会儿喊头痛，总之全身不舒服。

在和他交谈中我了解到，正像我猜想的那样，他真的是由于吃得太多吃坏了身体。

在这种场合，与生病的孩子交谈时，我总是把话说得很明白，把问题讲得很透彻，以便卡尔能够听明白。

为了让卡尔不在饮食方面出问题，也为了培养他良好的饮食习惯，我总是尽量让我们家的进餐氛围愉快而轻松。对于孩子来说，在愉快的氛围中吃东西，是有助于他身心健康的。

要想让孩子愉快地进餐，父母还要注意，一定要把管教孩子与食物分开。对于孩子来说，吃饭不是一种义务，也不是一种款待，因此，父母绝不能用食物来贿赂他，也不能用食物来惩罚他。

从小到大，在卡尔身上都没出现过因为吃多了伤害身体的情况。我带卡尔去拜访朋友的时候，朋友总会拿点心等食物招待他。但不管点心多美味、多可口，卡尔从来都是不吃的。因为在我们家有这样一个规定：不是吃饭的时间，不能乱吃东西。

也正因如此，卡尔的自制力在这个过程中变得越来越强。

第十二章

教儿子具备良好的心理素质

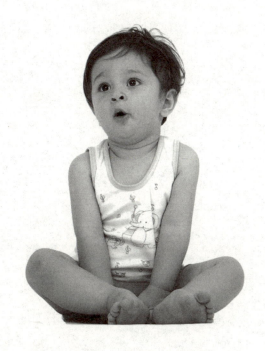

① 勇气的价值

无论一个人有多么多的才华，无论他掌握了多么丰富的知识，如果他是一个懦弱的人，如果他没有勇敢精神，那么他最终只能成为一个无能的人。

对此，我深信不疑。因为勇气是一个人积极进取的动力。

我一直把对卡尔勇气的开发和培养作为教育他的一项重要内容，所以，卡尔在非常小的时候，心中就形成了这样的概念：勇敢和坚强的人是受人尊重的，胆小和懦弱的人是会被人看不起的。

因此，卡尔从小就明白勇气的价值。

有一次，他在与小伙伴们一起玩耍的时候，手指头不小心被同伴弄出血了。当时我就在他旁边，他的表情非常痛苦，看样子一定非常痛。但他仍然忍住快要流出来的泪水，努力控制住痛苦的表情，继续和伙伴们一起玩。

事后他跟我说："我当时很痛，但我不能哭，我不能让伙伴们看到我懦弱的一面。如果当时我真的哭了，会被同伴们嘲笑的，也许因此他们以后就不跟我在一起玩了。"

与其他方面的能力一样，任何一个孩子的勇气都不是天生的，都是通过后天的训练和父母有意识的培养而产生的。在卡尔非常小的时候，我就注重对他的勇气的培养，让他懂得勇气的价值。

其实，卡尔与其他的孩子一样，刚开始的时候，他的胆子也非常小，有时甚至还不如一个小姑娘呢。

有一次，卡尔与邻居家的小女孩莫丽在一起玩，玩到兴奋处，莫丽忘情地把自己的帽子抛向空中。可是，由于她抛得太用力，帽子竟然挂在了树枝上。

莫丽想了很多方法，用力摇树干，用小石块打，但这些方法都没用，她的帽子依然高高地挂在树枝上。最后她没办法了，只得试图爬到树上去够。

但是，她只是个小女孩，个子非常矮，试了好几次，她都没办法爬到树上去。她急得快哭了，又没有别的办法，只得向一旁的卡尔求助。

但卡尔却拒绝了她。

恰巧这一幕被我发现了，我问卡尔："你为什么不愿意帮莫丽呢？"

卡尔有些难为情地说："不是我不想帮她，而是爬上那棵树太危险了，我怕摔下来。"

我开导卡尔："那棵树不算高，只要爬上去牢牢地抓住结实的树枝，是不会摔下来的。"

但卡尔还是害怕。

于是，我脱下外套，开始爬那棵树。我爬上了那棵树，但没去够那顶帽子，我这样做只是向卡尔证明，只要细心一点，爬上那棵树是没有危险的。接着，我从树上下来，对卡尔说："卡尔，你看，爸爸年龄大了都能爬上去，你爬上去也是没有问题的。"

这时，卡尔才尝试着去爬那棵树。

刚开始爬的时候，卡尔还是有些害怕，但当他一点点爬到高处时，便不再害怕了。当他快要够到那顶帽子的时候，他开心地对我喊："原来爬树并不可怕呀！"接着他愉快地取下了帽子还给了莫丽。

从那之后，卡尔的胆子一点点大了起来。

我非常赞同英国人培养孩子的做法，因为他们总是把培养孩子的勇敢精神放在第一位。英国的小学生有所谓的童子军校，学校经常组织小学生去探险。很显然，他们的目的就是要孩子在险恶的环境中学习生存的本领，锻炼他们的勇气以及探索新鲜事物的热情。

　　对于孩子的成长而言，一个碰伤的伤口是容易治愈的，而受了伤的自信心和没有被开发出来的勇气是永远无法弥补的。

② 独立意识

我反复地强调，孩子自己能做的事，就让他自己去做，父母千万别替他去做。

我听说过这样一件事：

一个孩子的父亲去世了，因此他的母亲对他倍加疼爱。孩子都已经4岁了，母亲还喂他吃饭，给他穿衣穿鞋；当他再大一些的时候，他仍然不会做那些本该他自己做的事情。更重要的是，与同龄的伙伴相比，他总是显得笨手笨脚、呆头呆脑，而且什么事情都不敢去尝试。

有人告诉他的母亲，应该试着让孩子学会独立，但这位母亲却说："我愿意为他牺牲一切，愿意为他做所有的事，因为我爱他。"

这位母亲的做法对孩子的成长是非常有害的，但她自己没有意识到。她那样做不是在爱孩子，而是在可怜孩子。她的做法实际上向孩子传达了这样的信息：你是无能的，你是没用的，你必须依靠我，否则你什么事情也做不成。

从这个角度来讲，母亲的那种无私行为其实是自私行为，因为她忽视了孩子的成长需求。

如果这位母亲一直一如既往地为儿子做所有的事情，那等这个孩子长大后，他不但什么都不会做，而且会变得很懒，依赖性强，什么都不想学。更重要的是，与同龄人在一起，他还会产生自卑感、无能感。

这样的孩子，是无论如何也没有能力独立生存的。

在这一点上，卡尔的母亲做得特别好，她特别注重培养卡尔的自理能力。

在卡尔还非常小的时候，她就让卡尔尝试着自己穿衣服。那时，她一边示范，一边看他自己慢慢穿。不管卡尔穿得多么慢，她从不催促他，也不动手帮他，而是坚持让他自己穿。

当然，总也穿不好时，卡尔会放弃，这时，她会鼓励他："卡尔，你很聪明，一定能自己穿上的。来，妈妈闭上眼睛，慢慢地数10下，看你能不能穿好。"

这时，卡尔有可能继续尝试，也有可能失望地哭起来，但不管怎么样，他的母亲仍然不帮他。当卡尔发现哭闹并不能博得母亲的同情时，便又开始尝试着自己解决问题。

就这样试了几次，卡尔很快就学会自己穿衣服了。

我也非常注重对卡尔独立精神的培养。卡尔出生后不久，我就让他独自睡在摇篮里，而不是让他跟我们一起睡。而且关于他的吃奶时间，我也给他做了明确的规定，如果时间不到，即便他再哭闹，我们也不会喂他。

也许有人觉得这种做法对小孩子有点儿残忍，但实际上，从幼儿期就对其进行这样的训练是非常有必要的，会让他更具独立精神。父母无微不至的关怀会让孩子的能力得不到发展，更重要的是，当孩子慢慢长大，如果父母再无微不至地为他做这做那，孩子会反感，因为父母的这种做法会让他们觉得自己是个无能的人。

③ 磨炼儿子的心理承受力

人生在世，顺境有利于人的顺利发展，但逆境、挫折更容易磨砺人的意志，更容易使人成为人才。那些在逆境中经过千锤百炼成长起来的人，具有更强的生存力和竞争力。

因此，作为父母，在教育孩子时必须懂得这一点：要想让孩子具备面对挫折的能力和勇气，必须从小磨炼他的心理承受能力。

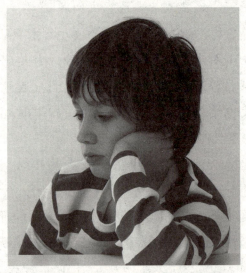

父母需要教育孩子勇敢地面对挫折

我常常对卡尔说，人的一生会遇到很多困难和挫折，只有坚强的人才能披荆斩棘，走向辉煌。

我告诉卡尔，只有自卑的人才逃避学习、逃避工作，他们以为这样就可以逃避失败了，其实他们的行为早已证明了他们是彻彻底底的失败者。就像那些不爱学习的孩子，他们逃避学习，拒绝考试，越是这样，他们就越自卑，越失败。

我还经常向卡尔讲这样一个道理：犯错误并不可怕，相反，它还会成为好事，因为失败是走向成功的必由之路。但关键是你要拿出勇气来正确面对失败。

为了防止卡尔形成自欺欺人的心理，我在他非常小的时候，就教他正确面对现实。例如，我告诉他，这个世上有坏人；又如，我告诉他，不能轻信任何人……

我这样做的目的很明确，不管他有多痛苦，不管他多么不想接受现实，我都要给他勇气，让他坦然地去接受现实。这就是我所说的心理承受能力的一个重要方面。只有孩子内心强大了，只有他正确面对现实了，他才有能力来应付那些最困难的处境。

④ 和儿子玩 "平静下来" 的游戏

一个人的力气再大，也没办法把自己提起来，这也从某种意义上说明：人要想战胜自己是非常难的。但即便再难，我们也要学会控制自己的行为和情绪。

当然，我们也必须让孩子学会控制自己的行为和情绪。

为了培养卡尔的自控力，我常常与他玩 "平静下来" 的游戏。这个游戏是这样的：

我用一些不同颜色的木棍搭成一座 "高楼大厦"，让卡尔在不影响其他颜色的木棍的情况下，从中抽出一种特定颜色的木棍。

例如，一次，我让卡尔把绿木棍下的红木棍抽出来。当时的情况是，他只有在不碰到黄木棍的情况下，把绿木棍移动四分之一，才能成功把红木棍抽出来。但如果他稍微不小心，整个 "高楼大厦" 就会毁在他手中。

卡尔专心致志地去抽那根红木棍，这时，我故意在他的耳旁吹风，还发出怪声，以扰乱他的注意力。但卡尔不为所动，仍然目不转睛地盯着那根红木棍。这时，我又故意跟他说话，做一些滑稽的动作，企图让他的思维陷入混乱状态，但卡尔并没有受到我的影响，仍然聚精会神地做着尝试，最后，他终于把那根红木棍抽出来了。

这个游戏很简单，但要求尝试者能不受外界干扰，集中注意力。在卡尔尝试的时候，我之所以一直在制作噪音干扰卡尔，就是为了培养他的情感自控能力。当然，当卡尔越玩越熟练的时候，我会加大游戏的难度，在他尝试的时候，我不但会制造噪音，还取笑他、挖苦他，故意让他生气或失控。但一旦他真的生气，他就上了我的当了，就说明他输了游戏。

这种游戏对孩子情感自控力的培养是非常有效的。每个孩子在成长的过程中都会遭到别人的嘲笑，遇到这种情况，我们只告诉孩子控制自己的情绪是不够的，还必须让他拥有控制自己情绪的能力。

所以，如果你的孩子脾气很暴躁，或者他很容易发怒，不妨多跟他玩一玩这种"平静下来"的游戏。这个游戏能让孩子全身放松下来，而且能让他长时间集中注意力。

当一个孩子对周围的干扰无动于衷时，当他能够用一种平静的心态面对别人的嘲笑时，那他就能轻易掌控自己的情绪了。

⑤ 教孩子争取，也教他理智放弃

卡尔从小就学了很多知识，但这些知识并不是我强迫他去学的，都是他对知识产生了兴趣之后主动要求学的，因为他觉得学习是件非常愉快的事。

但即便如此，我也没要求卡尔把所有知识都学到登峰造极的地步，因为我知道，那不可能，也没有必要。

我一直鼓励卡尔学习艺术。例如，我让他学画画，让他学音乐，但我这样做并不是要把他培养成艺术家，而是想让他拥有自己的爱好，并在此基础上培养他的想象力和创造力。

教孩子争取，也要教孩子理智放弃

我常对卡尔说，我们要努力争取一些东西，但也要理智果断地放弃一些东西，因为这是一种智慧，也是对人生的一种考验。

而我在教育卡尔的过程中也是这样做的。我让他学习演奏乐器，是因为我想让他的手指变灵巧，并通过音乐这种艺术陶冶他的情操、开发他的智力。但偶然的时候，卡尔也会弹错音符，也会弹得乱七八糟，但我从不为这些而烦恼，甚至对他失望。因为我时刻记得让孩子学乐器的目的，与陶冶他的情操、开发他的智力相比，弹得完美不完美并不重要。

卡尔小时候，有一天他突然对我说，他不想学知识了，他想去学武功，然后去当将军。

我知道，小孩子很容易产生这种英雄情结，在这个时候，他需要的是父母正确的引导。于是，我这样问卡尔："你是不是想成为书中所讲的那种英雄？"

卡尔兴奋而又充满憧憬地说："是啊，我就是想成为那种英勇的侠士，去行侠仗义，救助穷人。"

我耐心地给卡尔摆事实："可是，他们是从小就习武的，练了很多年才练成那种高强的武功。再说了，我们周围又没有习武之人教你，你怎么学呢？"

但卡尔满不在乎地说："我可以到东方，如中国或日本，去拜师学艺呀。"

看着天真的卡尔，我不得不给他泼冷水："卡尔，你把事情想得太简单了。你说去东方拜师学艺，但你到了东方就能找到会武功的老师吗？即便是找到了，人家会教你吗？还有最重要的一点，你觉得人能够一下子跳几十米高吗？我觉得这只是人们的一种美好想象，你要知道，文学作品是来源于现实而高于现实的。所以，即便真的有老师愿意教你，你也不会成为故事中所讲的那种武林高手的！"

听我这样说，卡尔脸上露出了失望的神情，于是我继续开导他："每个人都有自己的长处，也有自己的短处，没有一个人能成为全才，所以，我们所有人在坚守某种东西的同时，也要学会放弃某种东西。就拿你来说，你在数学、语言、文学方面都表现出了非常高的天赋，为什么要放弃呢？如果将来你成为了一位优秀的文学家，你会为人类创造很多财富的；如果你将来成为了一名优秀的发明家，你也会为人类发明很多有价值的东西。只要你发挥自己的优势，你就可以成为任何一个领域的英雄！但如果你偏偏去做自己不擅长的事情，那将是非常愚蠢的行为。"

事实证明，卡尔把我的话记在了心里，因为在之后的日子里，他不但懂得了英雄的真正涵义，在面临选择时，他也会理智地争取和放弃了。

第十三章

我教儿子与人相处

① 不要轻信任何人

轻信只会让孩子变得愚蠢和无能。

有一次，由于工作上的原因，我去了很远的地方，离开家大约有一个多星期。也许是因为我平时很少离开卡尔，卡尔这次非常想念我。

那天我回到家时，卡尔兴奋极了。我的马车还没到家门口，卡尔便已经在路口等我了。

我刚从马车上走下来，卡尔便兴奋地向我跑过来，想像往常一样扑在我的怀里。

可是，我没有像往常那样将他抱起，而是故意闪开了。因此卡尔重重地摔了一下，因为他扑空了。

卡尔从地上爬起来并没有哭，只是不解地看着我，当时他只有4岁，怎么也想不明白，一向爱他的父亲为什么要这样做。

我什么都没说，只是静静地看着他。

之后，卡尔的眼神中呈现出了被欺骗的愤怒，这时我才跟他解释："刚才爸爸跟你开了个玩笑，同时也想告诉你一个很重要的道理。"

卡尔仍然很生气地说："什么道理？"

"我这样做只是想让你明白，不要轻信任何人，哪怕是你的父亲。"我认真地对他说。

卡尔的眼中满是不解，同时还包含着不可思议，我继续给他解释："当然，爸爸是永远爱你的，是你最依赖的人。你长大后就会明白，平时看似对你很好的人，并不会在任何时候都关心、帮助你。"

对于刚刚 4 岁的卡尔来说，我的道理也许他并不能很快理解并消化，但有一点我可以肯定，这件事一定给他留下了很深的印象。

这个印象也许并不能很快让他受益，但我敢保证，在今后的日子里，它一定能给卡尔帮上大忙，至少能让卡尔成为一个聪明的人。

② 有利于孩子未来人生的一种智慧

　　在我们那一带，有一个叫作洛赫村的村子，村子里有一位颇有学识的先生，是这一带很有名望的人。他名叫里德因奇，不仅饱读诗书而且精通艺术，可以称得上是一个才华非凡的隐士。

　　有一天，里德因奇来我家做客，他的到来让我们家附近的那些孩子雀跃不已，因为他肯定会给孩子们带来很多有趣的故事。

　　跟别的孩子一样，卡尔也非常激动。吃过晚饭之后，他约了邻居家的几个小孩来家里听故事。孩子们坐在我们的餐桌旁，用好奇的大眼睛看着里德因奇先生，就像在等待着圣诞老人的礼物。

　　里德因奇终于开始"演讲"了，他的言谈举止太有趣了，不但满足了这些求知欲望很强的孩子，连我也听得入迷了。

　　然而，说着说着，当说到音乐家时，他突然犯了一个错误。他说："德国有许多伟大的音乐家，例如，巴赫、莫扎特、贝多芬，还有帕格尼尼，他们都是大师级的音乐家，为音乐界做出了很大贡献。"

　　然而，了解德国音乐史的人都知道，帕格尼尼是意大利人，但知识渊博的里德因奇却说错了。我想，这也许是他的一时口误吧，孩子们应该听不出来的。

　　但没想到，我的儿子卡尔却听出来了。不但听出来了，他还立刻指出了这个错误："里德因奇先生，帕格尼尼不是德国人。"

　　卡尔的话让里德因奇变了脸，他又尴尬又气愤。

　　我急忙向卡尔使了一个眼色，示意他别再说下去。

　　但年龄还小的卡尔并没有领会我的意图，继续发表自己的见解："帕格尼尼是个伟大的音乐家，这一点完全正确。可他是意大利人。就是不了解他的人都会知道他一定不是德国人，因为一听他的名字大家就明白。"

卡尔说得完全正确，但在这个场合，他的话显得有点太苛刻和直白了。

因为生气而涨红了脸的里德因奇先生愤怒地从椅子上站了起来，狠狠地瞪了卡尔一眼："今天我真后悔来这里！"

说着，他便向门外走去。

我想劝阻他，但根本没有用，因为里德因奇除了因学识而出名外，还以古怪的脾气而著称。

事后，卡尔问我："爸爸，难道我说错了吗？"

我仔细想了想，认真地对他说："你讲的内容完全没错，但你的做法有些不妥。当众指出别人的错误，会使别人觉得很没面子。你没发现里德因奇先生都羞愧得满脸通红了吗？"

卡尔仍然不理解地说："可是我并没有嘲笑他，我只是说了一个事实呀！"

我对卡尔说："里德因奇先生是个很高傲的人，他会认为你是在让他当众出丑。"

卡尔不服气地说："难道为了他的面子，我就不坚持真理了吗？"

我向他解释道："坚持真理是好事，但你应该注重方法。假如你私下给他指出这个错误，他不仅不会气恼，说不定还会感谢你呢！"

卡尔问："为什么？"

我回答道："因为你坚持了真理又顾全了他的面子。要知道，坚持真理是需要智慧的。"

很多父母在教育孩子时，都要求孩子做一个好人，做一个坚持真理的人，但殊不知，有时坚持真理也需要机智、灵活的头脑。我想，明白这个道理会对孩子将来的人生大有益处。

③ "不要隐藏你的感激之情！"

在我的青年时期，有一个伯爵很欣赏我的能力，他经常在很多方面帮助我。我在心里非常感激这位伯爵，但从没有向他表示过。因为我是一个不拘小节、不善表达感情的人，认为对别人的感激之情不应时常挂在嘴上。但后来，我却为自己的不拘小节付出了昂贵的代价。

起初，伯爵并没有在意我这种不拘小节的做法，可是时间一长，问题便出来了，我们之间渐渐产生了隔阂。原因很简单，虽然伯爵不在意我的不拘小节，但伯爵夫人却在意。因为每次我去看望他们时，都没带过一份礼物，甚至连感谢的话都不常说。

渐渐地，我发现伯爵夫妇对我越来越冷漠，到最后，他们干脆不再帮助我，而且我甚至连与他们见一面都很难。

对于我来说，得不到伯爵的帮助是一个巨大的损失，但更重要的是，我失去了一个欣赏我、器重我的朋友。

也许是得到了我的遗传，卡尔从小也表现出了不拘小节的性格。由于我吃过这方面的亏，所以我决心改变他。

在卡尔的才华被大家认同的道路上，梅泽堡公立中学的校长福兰兹先生帮了他很大的忙。他了解卡尔的才华，并向一些上流社会的先生们极力推荐卡尔，这为卡尔的发展奠定了坚实的基础。对于福兰兹先生的厚爱和帮助，我非常感激，但因为平时没有来往，所以一直没有登门致谢。

有一次，我去福兰兹先生所在的城市出差，便带着卡尔去拜访他，同时表示谢意。

那天，我问卡尔："卡尔，你觉得咱们给福兰兹先生带点儿什么礼物好呢？"

卡尔很惊讶地问："我们为什么要带礼物呢？"

我一本正经地说："带礼物是表示对别人的尊敬，是向别人表达谢意的最好方式。"

但卡尔却不以为然地回绝了我，说："爸爸，这样做是不是太俗套了呢？感激别人，只要记在心里就行了，为什么还要送礼呢？书上说，那些成就大事的人向来都是不拘小节的，只有没有本事的人才会请客送礼呢！"

我笑了笑，把自己年轻时吃过的亏跟卡尔讲了一番，并仔细为他分析其中的得失。但谈到伯爵时，单纯的卡尔却不满地嚷嚷起来："那个伯爵怎么能那样呢？他也太小气了吧！一个真正欣赏别人才华的人，是不会计较这些小节的！"

后来，我又给卡尔分析了很多，告诉他，虽然伯爵不在意，但伯爵的家人并不一定不在意，如果我们不拘小节，最后吃亏的总是我们！

虽然卡尔没有完全理解我的话，但我还是为福兰兹先生准备了一件礼物。

当福兰兹先生接到礼物时，表现得非常高兴，赞赏地对卡尔说："没想到卡尔不但才华横溢，还非常细心呢。小卡尔，你长大后一定会有巨大成就。"

后来卡尔问我："为什么福兰兹先生那么高兴呢？难道他真的那么在乎那些礼物吗？"

这次，我没向卡尔过多解释，但我相信，等他再大一些，会明白其中的道理的。

很多父母注重培养孩子纯洁的心灵，这一点是正确的，但我还建议父母们不要忽视了对孩子进行社会教育。让孩子尽早了解社会，了解社会中的人和事，与让孩子学习知识同样重要。

4 我教儿子如何争取应得利益

有一天，卡尔非常有成就感地对我说："爸爸，这几天我正在做一件非常好的事。"

我很好奇，是什么样的事情让他如此自豪呢？

原来，卡尔这几天一直在帮助一个农夫收麦子。帮助人是一件好事，但当我知道他帮助的人是卡里莱恩斯的时候，并没有表扬他。因为我早有耳闻，卡里莱恩斯是个很狡猾的人，我担心卡尔被他骗了。

于是，从那天起，我开始关注这件事情。事实上，并不是只有卡尔一个孩子在帮助卡里莱恩斯，第二天，在卡里莱恩斯的麦田里，我看到有五六个孩子在干活儿，但更让我气愤的是，卡里莱恩斯本人却在阴凉的麦草堆旁睡觉，而他儿子也在一旁玩耍。

看到这种情况，我已经很确定了，卡里莱恩斯在哄骗这些小孩子帮他干活儿，这样他自己不仅可以偷懒，而且还能省一笔钱，因为他不用雇人干活儿了。不得不说，他这种欺骗孩子单纯而美好心灵的做法，是一种极度无耻的行为。

而对这个恶人的卑劣行为，我没有直接找他理论，但我却把其中的道理讲给了卡尔听，让他看清这件事情的实质，然后我又教了他一些争取自己利益的方法。

也许是上天也在帮助这群单纯的孩子，第二天，他们仍像之前那样到卡里莱恩斯的麦田里干活儿，但时至中午的时候，天空突然乌云密布，眼看着一场暴雨就要来临了。

此时，卡里莱恩斯正在把晒干的麦子抬上马车运到城里去，看到天气的突然变化，他急得像热锅上的蚂蚁。对于他来说，如果那些已经晒干并装袋的麦子被雨淋湿的话，将是一笔非常大的损失，因为这既会耽误了他把那些麦子卖掉的好时机，又会影响麦子的质量。

所以，他连忙叫卡尔他们来帮助他，但这次，卡尔他们却没有听从他的摆布，他们要抓住这个好时机争取自己的正当利益。他们纷纷扔下手中的工具，冷漠地看着卡里莱恩斯，丝毫没有帮助他的意思。

卡里莱恩斯大惊，"怎么了，孩子们？你们怎么不干活儿了？"

这时，卡尔像个成年人似的走到他面前，以谈判的口吻说："卡里莱恩斯先生，如果你把这几天的工钱给我们付清了，我们就帮助你。"

卡里莱恩斯还在装糊涂："你们这群孩子太不像话了吧！帮助人是一种美德，跟工钱无关！"

卡尔见状，以一种非常遗憾的语气说："看来卡里莱恩斯先生是不会付我们工钱了，我们还是走吧！"

说完，他一挥手，小伙伴们都跟在他身后要走。

当时雨已经下起来了，卡里莱恩斯没办法，只得答应付给那些孩子工钱。

看到这里，有人可能要问我："卡尔·威特牧师，你怎么能教孩子趁人之危呢？"

但我要说的是，这表面看起来像是趁人之危，但实际上是在教孩子以一种机智的方式保护自己的应得利益。

我想，任何一个小孩子都应该学会这些方法，这对他们的将来一定会有好处。

5 我鼓励儿子，也教儿子表扬他人

不管是大人还是孩子，对于任何人来说都是一样的：**他人的认可和鼓励，会成为我们把事情做好的强大动力。**

在卡尔成长的过程中，我时常表扬他，目的就是让他更好地学习或做好他该做的事情。与此同时，我还常常教他表扬别人，以便得到别人更多的帮助或与别人更好地相处。

卡尔有一个非常好的玩伴叫爱伦维茨，他的年龄比卡尔稍大一些，但各方面的能力却比卡尔逊色很多。当然，这并不代表爱伦维茨很笨，只能说明他受的家庭教育没有把他的潜能全部激发出来而已。

有一次，卡尔想用木块搭建一座城堡，便找爱伦维茨帮忙。因为他想把城堡搭得很大、很宏伟，他自己一个人是很难完成的。

但在搭积木的过程中，爱伦维茨却表现得笨手笨脚，不但没有帮到卡尔的忙，反而把卡尔已经建好的部分给弄坏了。为此卡尔很不高兴。

这次，爱伦维茨又把卡尔辛辛苦苦搭起来的一根柱子给弄坏了，卡尔的怒气终于爆发了，他冲着爱伦维茨大声喊起来："你怎么这么笨呀，看把我的柱子弄坏了吧，你就不能小心点儿吗？"

爱伦维茨难过极了，甚至都不敢动手搭积木了。

因为没有爱伦维茨的帮助，卡尔想象中的宏伟城堡也没有搭起来。

晚饭后，我委婉地告诉卡尔，他的做法是不对的，因为责备会使他失去所有人的帮助。

我还试着给卡尔提建议："爱伦维茨有时是有些笨手笨脚，但如果你经常鼓励他，也许他就会变聪明了。"

"真的吗？鼓励真的能让一个人变聪明吗？"小卡尔有些半信半疑。

"你自己试试不就知道了？"我神秘地对他说。

第二天，卡尔为昨天的粗鲁向爱伦维茨道了歉，并向他承诺，以后绝不那样说他了。在第二天修建城堡的过程中，卡尔总是时不时地对爱伦维茨的工作给予肯定，常常夸奖他做得好。

正如我预料的那样，爱伦维茨这次表现得相当出色，再也没有出现笨手笨脚帮倒忙的情况。

爱伦维茨回家后，卡尔不可思议地对我说："真没想到，我也没有做什么，只是表扬了他几句，爱伦维茨就像变了一个人似的。不过，说实在的，他今天的表现真的非常出色！"

从那之后，卡尔再也不随便指责别人了，而是尊重身边的每一个人，并找机会肯定他们、表扬他们。也正因如此，在以后的日子里，卡尔不但得到了别人的尊重，也获得了别人的很多帮助。

6 倾听的艺术

一个孩子再聪明，如果他不懂如何与他人交往，那他只能是个"书呆子式"的神童。这样的孩子是很难做出大事来的。

我非常注重培养卡尔与他人交往的能力。为了能让他拥有更多的朋友，为了培养他的交往能力，我曾对他提出过很多要求，例如，对人要友爱，要懂得与人合作，要讲礼貌，要善良，要有责任心……并让他将其作为与他人相处的准则。

善于与人交往会事事顺利，反之则处处碰壁

不仅仅是孩子，对于我们任何人来说都是这样的：善于与人交往，你会事事顺利；反之你会处处碰壁，以至于什么事情都做不成。更重要的是，善于与人交往的人能得到很多快乐，而不会与人交往的人却是孤独和不幸的。

有一次，一位朋友这样向我诉苦："我觉得我们家庭成员之间存在很多问题，例如，大家都不喜欢把心里话说出来，好像生怕遭到别人的嘲笑一样，总感觉家庭成员之间少了一种难得的亲近感。"

听了他的诉说，我给他提了个建议：召开家庭会议，鼓励大家发言。

朋友采纳了我的建议，他为家庭成员每人买了个笔记本，并让大家记下一周内想对其他家庭成员说的话，每周末举行一次家庭会议。

后来，这位朋友对我说："自从有了家庭会议，我们家的氛围好多了。每一次开会就像过节一样，大家都很开心。刚开始，大家还有些顾虑，怕说出心里话会激发家庭成员之间的矛盾，但渐渐地大家都发现，沟通只会消除矛盾，不会激化矛盾，所以，大家逐渐敞开心扉，畅所欲言，家庭成员之间的关系也越来越亲密了。"

后来，这位朋友还对我说，之前他的孩子不敢跟他说话，妻子也不愿跟他亲近，他自己也感觉特别不舒服。但自从有了家庭会议，孩子给他提了意见，希望他每晚能陪自己玩一会儿，他毫不犹豫地答应了，同时他也给孩子提出了建议：可以玩，但也要按时洗澡、睡觉。就这样民主地商议、民主地沟通，他们家庭成员之间的关系越来越亲密，他觉得与妻子之间的感情似乎也回到了新婚时那样甜蜜。

积极地与孩子沟通不仅是父母了解孩子、教育孩子的一种重要途径，这种积极的行为本身也是一种教育。受父母的影响，遇到问题时，孩子也会以积极沟通的方式从容地解决问题，而不是消极地逃避。

在教育卡尔的过程中，我渐渐掌握了一些与孩子进行沟通的经验，其中有一点，我把它总结为"倾听的艺术"。

每天晚上，卡尔入睡之前，我和妻子都会听他讲一讲白天发生的事，然后对这些事做出评价，例如，哪些事情做得好，需要继续保持；哪些事情做得不好，需要改进。在这个倾听并评价的过程中，卡尔不但懂得了自我反省，而且我们对他的行为以及心理也有了更深的了解。

做父母的都希望孩子对自己敞开心扉，这样就可以针对孩子身上的问题对他进行教育。但让孩子敞开心扉是有基本前提的，这个基本前提就是，父母必须给孩子营造一种氛围，让孩子感觉到民主及尊重，这样他才会畅所欲言。

倾听的目的是为了对孩子进行教育。在倾听中，如果家长发现孩子的心理或行为出现了偏差，要及时予以纠正。

有一天，卡尔突然对我说，说他不喜欢邻居布劳恩夫人。我很奇怪，问他为什么，他说布劳恩夫人一点儿也不亲切，而且很少对他笑。

我对他说："布劳恩夫人看上去是有点儿严肃，但你知道吗？她是个心地非常好的人，如果你向她表示友好，她也会非常喜欢你的。"

对孩子来说，"倾听"是一种非常好的教育方式

在我们家，晚餐时间是一个非常美好而重要的时刻。在这个时刻，我们经常就一些问题进行讨论，每个人都有发言的权利，但我和卡尔的母亲说得很少，主要是听。因为我们认真地听卡尔

讲话，会让他产生一种得到尊重的满足感。

对于孩子来说，"倾听"是一种非常好的教育方式。**父母认真听孩子说能向孩子传达这样一种信息：我们重视你，我们关心你，我们尊重你。**这种信息能让孩子感觉到被认同、被信任。久而久之，孩子不但敢在家里发言，在学校、在其他任何场合，他们都敢自信地发言。

父母与孩子保持良好的沟通，不仅能够加深对孩子的了解，也能教会孩子如何与他人沟通。这实际上就是在培养孩子与人交往的能力。

7 相互理解的力量

父母在与孩子沟通时，应该特别注意这样几个因素：理解、关怀、接纳和尊重。所谓"理解"，是指父母和孩子都要设身处地地为他人着想；所谓"关怀"，不但要存在于内心，更要付诸于行动；所谓"接纳"，是指父母要接纳孩子的个性，要学会欣赏孩子身上的优点；所谓"尊重"，是指既要尊重别人的权利，又要尊重别人的意见和选择。

有一段时间，我弟弟的儿子维尔纳要住在我们家。维尔纳非常可爱，比卡尔小 1 岁，我们全家人都很喜欢他。由于他是客人，我们不想他有不自在的感觉，所以都对他非常好。特别是卡尔的母亲，几乎把自己的所有母爱都从卡尔身上转移到了维尔纳身上。

所以，这使得卡尔很不舒服，他总觉得母亲更爱维尔纳一点儿，而且总是偏袒弟弟。于是，他总是找茬跟维尔纳吵架。

面对卡尔的行为，卡尔的母亲非常生气，但她没有训斥卡尔，而是郑重地跟这两个孩子说："不管你们之间有什么矛盾，我都不干预。但我认为你们都是理智的孩子，所以，我希望你们搞好团结，好好相处。"

接着，她又单独对卡尔说："卡尔，你是哥哥，应该照顾弟弟，对吗？我觉得你之前的做法伤害了弟弟的感情，接下来，你觉得自己应该怎么做呢？你好好想一想，如果实在不知道该怎么做，再来找我吧！"

卡尔没再去找他的母亲，因为他已经知道该怎么做了，从那之后，卡尔不再欺负弟弟了，而是变成了一个关心者和照顾者。除了照顾弟弟之外，他还经常给弟弟讲故事呢。

卡尔的转变为什么会那样大呢？

因为母亲的提醒让卡尔意识到了他是家中的重要一员，让他意识到了自己的责任，使得他从一个期待被关心的人变成了关心别人的人，所以他才慢慢成熟起来。

在教育卡尔的过程中，有时候我发现卡尔身上存在问题，但我不明确指出来，而是引导他主动认识自己的问题，并尽快纠正。所以，在很多时候，我会这样问他："卡尔，针对你身上存在的问题，你说我们该怎么办？"让卡尔来做决策者，这不但更有利于我和他之间建立感情，而且能增加我们之间的相互理解。

人与人之间有了信任，有了理解，一切问题都能迎刃而解。

有一次，卡尔与堂弟维尔纳相约到田野里去玩，在此之前，他们来征求我的意见。我点头同意了，但又给他们提了一点要求：必须在太阳落山之前回来。

但这两个孩子可能玩得太高兴了，直到天都黑了才到家。

对于他们的不守时行为，我什么都没说。但当第二天，他们提出类似的要求时，我才这样对卡尔说："昨天你答应我太阳落山之前你会回来，但遗憾的是，你没有做到。你知道我和你母亲有多担心吗？你母亲都急得流出了眼泪，你说今天我要不要再答应你的请求呢？"

思考了一会儿，卡尔这样给我出主意："如果这次我再不守时，那您以后拒绝我所有类似的要求。"

因为卡尔亲自参与到这件事情的决策中来了，所以，他很自觉地遵守着规定，并且以后再也没有出现过不守时的行为。

遇到问题，父母要学会跟孩子协商，因为这种方式很容易使孩子站在别人的立场上思考问题，从而使他养成理解他人的好习惯。面对卡尔不守时的行为，如果我没有跟他商量，就直接斥责他或者直接拒绝他的再次要求，那卡尔肯定不会理解我的苦心，甚至还会故意跟我作对，从而变得越来越不听话。

不管孩子年龄是大是小，亲子之间的沟通都是非常重要的。如果一个孩子从小就学会了跟父母沟通，那他长大后肯定也能得心应手地与其他人沟通。

懂知识，懂得如何与他人相处，只有这样，孩子才会成为一个全面发展的优秀人才。

8 傲慢是与人和谐相处的最大障碍

每个人都有虚荣心，卡尔也不例外。我发现，自从他的才华得到很多人的认可后，他开始变了。

有一次，我带卡尔去教堂做弥撒，非常偶然的那么一瞥，我发现卡尔在用非常傲慢的态度对待大家。这让我感到既惊讶又生气。

大家看到卡尔走过来，都热情地跟他打招呼，这是多么令人自豪的一件事呀！但卡尔既没有微笑，也没有向大家问好，而是很冷漠地点了点头，就好像他不屑理睬那些熟悉的朋友们一样。

对于卡尔的这种行为，我当时没说什么。但回到家后，我立刻问卡尔："刚才那些朋友对你多友好呀，你为什么对他们那么冷漠呢？"

卡尔不以为然地说："我没有冷漠呀，我对他们每个人都点头致意了呀！"

我不高兴地说："但你的态度明显跟以前不一样，我感觉到了，我相信大家也能感觉到。"

没想到卡尔还是不服气，他反驳我说："我觉得没那么严重，我现在已经长大了，就应该表现得成熟稳重一些。更何况，我跟那些没有文化的人根本没有共同语言。"

我知道，现在给卡尔讲什么大道理他都听不进去，我想，今后他一定会因此而吃苦头的，所以，我便没再说什么。

大约一周之后，我发现卡尔那种高傲劲儿不见了，取而代之的是一种沮丧和痛苦。

看他经常一个人孤独地发呆，我问他："卡尔，你为什么不去找小伙伴们玩呢？"

他难过地回答我："他们都不愿意跟我玩。"

原来，由于卡尔这段时间总是在小伙伴们面前卖弄自己的才华，还总是以傲慢的姿态面对大家，小伙伴们开始讨厌他，所以相约不再跟他一起玩了。

我知道，卡尔已经尝到了傲慢的苦头，于是，我一点点地给他分析："卡尔，你是个优秀的孩子，学到了很多知识。但是一个人仅仅有知识还是不够的，还需要朋友的关心和帮助。大家都喜欢你，你却因为自己懂的知识多而瞧不起大家，这是多么愚蠢的行为呀！你这样做，只会让大家讨厌你，甚至远离你！"

卡尔更加伤心了，问我："那我接下来该怎么办呢？"

我严肃地对他说："收回你的傲慢，再做回之前那个天真可爱的卡尔，以友好的方式对待周围的朋友，他们还会像以前那样喜欢你的。"

从那之后，卡尔再也没以"神童"和"天才"自居过，而是用谦虚的态度对待每一个人。事实证明，他的做法赢得了大家的尊重。

第十四章

比任何一个孩子都幸福

① 一起惊人的事件

一次偶然的机会，我与梅泽堡中学的教师琼斯·兰特福先生有了一次接触。当我跟他谈起卡尔的教育情况时，他非常感兴趣，并执意说要在他的学生面前考考卡尔，并借此机会激发他的学生的学习热情。

我认为这样做很容易让卡尔骄傲自满，所以，起初我拒绝了琼斯·兰特福先生的要求。可是，在他的再三请求下，我答应了，但提了两个条件：第一，要对卡尔隐瞒这样事情的用意；第二，任何人，包括琼斯·兰特福先生的学生，都不要对卡尔说一些表扬的话。因为我知道这会对卡尔产生不良影响。

一切准备就绪后，我对卡尔说，我要带他去学校进行一次普通的访问，主要让他看看别的孩子是怎样学习的。

到了学校，琼斯·兰特福先生给我们介绍了一些学校的状况，便让我们坐在教室后面听他的课。

琼斯·兰特福先生是教希腊语的，那节课，他讲的是《波鲁塔克》，这些内容卡尔也学过。他提了一些稍微有难度的问题，请同学们回答，但是没有人能答得上来。于是兰特福先生请卡尔回答，卡尔很轻松地回答出了那个问题，在座的学生们大为惊讶。

接着，兰特福先生又把拉丁语版的《凯撒大帝》交给卡尔，并提了一个有难度的问题，卡尔毫不费力地答了出来。接着，他又拿出一本意大利语的书让卡尔读，卡尔不但读得很流利，而且发音很标准。

就在这时，他的学生不约而同地鼓起掌来，他们被卡尔的才华征服了。

在此之后，兰特福先生还想考卡尔法语，但没找到法语书，于是他干脆直接用法语考卡尔，但这也没有难住卡尔，卡尔用法语与兰特福先生一问一答，聊得很投机。

最后，兰特福又提出了很多有关希腊历史和地理的问题，还有一些复杂的数学问题，卡尔都圆满地回答出来了。那一刻，梅泽堡中学的老师和同学们都惊呆了，他们无论如何都不敢相信眼前的事实。

那是1808年5月发生的事情，那一年，卡尔还差两个月未满8周岁。面对大家惊奇而羡慕的目光，我感到很幸福，同时也为卡尔的优秀感到骄傲。

1808年5月23日，也就是卡尔接受兰福特先生考试后的第三天，《汉堡通讯》对此事做了详细的报道。那份报纸我至今保存着。报道的标题是《本地教育史上的一起惊人事件》。

不久之后，各地的报纸都转载了这一报道。于是，卡尔一夜之间成了名人，全德国的人都知道他了。

卡尔出名之后，很多人慕名来拜访他，其中包括很知名的学者以及权威的教育专家。在对卡尔有所了解之后，他们不但佩服卡尔的才华，对我的教育方式也赞赏有加！

② 莱比锡大学的入学邀请

由于报纸的宣传，卡尔的学识顷刻间便传遍了整个德国。当时莱比锡大学的一位教授和一位在本市很有势力的人物打算让卡尔进莱比锡大学学习，他们还劝说我，说让本市托马斯中学校长劳斯特博士对卡尔进行一次考核。

说实话，我不太愿意让卡尔接受这样的考核，因为我觉得，我教育卡尔的本意只是让他掌握更多的知识，而并非通过这样那样的考核来证明他的才华。可是，经过一段时间的接触，我发现劳斯特博士是一位深明事理的学者，他告诉我，让卡尔接受高等教育能使卡尔拥有一个更美好的未来，我觉得他说得非常有道理，于是便同意了他的要求。

那场考核在非常轻松、非常融洽、聊天式的氛围中圆满结束了。考试的结果非常令人满意，卡尔顺利通过了考核。1809 年 12 月 12 日，也就是考核的当天，劳斯特博士给卡尔写了入学证明书。

不仅如此，劳斯特博士还以私人的名义给莱比锡大学的校长写了一封信。在信中，他再次强调了卡尔的才华，说卡尔虽然只有 9 岁，但却完全具备了读大学的条件。当然，他还极力劝说校长不要以世俗之见拒绝卡尔入学，因为让卡尔进大学深造将非常有利于学术的进步。

劳斯特博士的证明书送到莱比锡大学后，校长很快就同意了，他们通知卡尔于 1810 年的 1 月 18 日来校报到。

③ 国王亲自招入哥廷根大学

　　卡尔读大学的事情有了眉目，可他毕竟还是个9岁的孩子，为了能够继续陪伴和教育他，我打算搬到莱比锡去住，在那个地方，我还可以继续从事我的牧师工作。

　　当然，关于工作调动的问题，必须得到国王的特许。为了得到这个特许，我带着卡尔来到卡塞尔。

　　但当我们到达卡塞尔时，碰巧国王外出访问去了。

　　当时接待我们的是拉日斯特大臣。刚见到卡尔时，他有些怀疑卡尔的才华。但经过一番交谈式的考核之后，他最终还是被卡尔的才华折服了。

　　那天，拉日斯特大臣与卡尔谈了将近3个小时，他向卡尔提了无数个问题，其中内容涉及哲学、文学、天文、地理、历史等各个方面。对他的问题，卡尔都一一详尽地进行了回答，回答的结果令拉日斯特大臣非常满意。

　　最后，拉日斯特大臣惊讶万分，他心服口服，承认卡尔是不可多得的人才。于是有些惋惜地对我说："卡尔的才华的确名不虚传，可是，我们国家也有非常好的大学，为什么非把他送到国外去读书呢？我建议你们父子留在国内，别去莱比锡了。"

　　对于他的建议我很感激，但我仍然坚持之前的想法。

　　第二天，拉日斯特大臣召集很多政府大臣共同商议，他们决定让国王说服我们，让卡尔在国内的哈雷大学或哥廷根大学读书，而不去莱比锡。但是，我不想辜负莱比锡很多朋友的心意，所以拒绝了他们。也正因如此，我没能得到国王的许可，所以我们只能焦急地等着。

7月29日，我们收到了维尔弗拉德大臣的来信，国王亲自招卡尔去哥廷根大学学习。

为了卡尔的前途，我不想再坚持了，所以，在这一年的秋天，卡尔进入了哥廷根大学，共学习了四年。

一般来说，一个10岁左右的孩子与一些20岁左右的青年在一起学习，一定会有心理压力，一定会紧张，但实际上，卡尔学得一点儿都不紧张，相反，他的大学生活还很轻松愉快呢。

他经常尽情地玩耍和运动，还常常去采集动植物标本；在这里，他可以发展各种各样的爱好，例如，画画、弹琴、跳舞等。除了上课外，他每天还研究古典语和现代语。

在卡尔上大学期间，我仍然像以前那样，非常重视他的健康，每天都会带卡尔外出运动，不管刮风下雨，这是他每天必做的功课。

卡尔上大学第二年的第二个学期，国王杰罗姆到哥廷根大学视察，参观了校内的各个地方，最后到了植物园。

当时卡尔以及他的同学正在植物园上课外观察课。在国王的随行队伍中，有前面我们提到的拉日斯特大臣，在植物园中，他一眼就认出了卡尔，并向国王做了介绍。国王非常高兴，同时表示，他一定要与这个传说中的天才聊一聊。于是，随从把卡尔叫到国王夫妇面前，荣幸的是，我也被允许跟卡尔一起觐见。

国王同我们聊了很久，最后，他鼓励卡尔更加努力地学习，并表示永远资助卡尔，以让他安心读书。

那一年，卡尔还不到10岁。

接下来，卡尔在哥廷根大学读书的过程中，在学术上也取得了很大成就。

1812 年冬，12 岁的卡尔公开发表了一篇关于螺旋线的论文，此论文得到了学者们的广泛好评。他在文中重点讲述了他自己发明的画曲线的工具，得到了很多人的赞赏。

1813 年，13 岁半的卡尔写出了《三角述》一书，此书于 1815 年正式出版。

也就是这一年，国王资助卡尔的学费延长到四年，并允许他到任何一个大学去读书。

由于政治方面的原因，威斯特伐利亚国因 10 月莱比锡之战失败而宣告瓦解。于是，威斯特伐利亚政府就把卡尔推荐给了汉诺威、布朗斯维克、黑森三国政府。

当时三个国家都缺钱，能不花的钱他们绝不会花。但即便这样，三国政府还是爽快地答应了为卡尔交学费。真没想到，大家对卡尔的学识如此重视，为此，我非常感动。

④ 14 岁的博士

1814 年 4 月，卡尔拜访了吉森大学。该大学的哲学教授们欢迎了他。卡尔与他们一起讨论了很多学术上的问题，最后他们都承认了卡尔在学术上的水平。于是，校长赫拉马莱博士亲自授予卡尔博士学位。那一天是 1814 年 4 月 10 日，卡尔获得了他的博士学位。那年他 14 岁。

随后，卡尔又访问了马尔堡大学，在那里，他同样受到了热烈欢迎。据说，该校也准备授予卡尔博士学位，但却被吉森大学抢先了。

由于卡尔在哥廷根大学后期读书的学费是由汉诺威、布朗斯维克、黑森王国政府共同资助的，我需要分别去三国领学费。

去布朗斯维克的时候，当局把我们介绍给了布朗斯维克公爵。公爵很热情地接待了我们，跟我们聊了很多，并热心地建议卡尔去美国留学。他表示，如果卡尔愿意去，他会把我们介绍给他的一位亲戚，他的那位亲戚愿意为卡尔出学费。

当我们去汉诺威的时候，卡尔被请去做报告。因为卡尔在别的地方做过一场关于数学的报告，广受好评，所以，对方希望卡尔还讲这方面的内容。

到汉诺威的第二天，卡尔在本地中学的大礼堂里做了报告。

本市的知识分子都去了，卡尔用德语演讲，流利又清晰。但有人怀疑卡尔讲得那么好，是在照着稿子读，所以他们悄悄绕到卡尔后面查看究竟，当发现没有稿子后，他们惊讶无比。

卡尔看出了他们的意图，故意离开讲桌，走到大家身旁演讲。他的精彩演讲赢得了大家的阵阵掌声。

卡尔的学识得到了当地政府的认同，所以，他们提供了比之前承诺的还要多的学费。

在黑森，我们同样也受到了热烈欢迎，常被邀请到宫中。

卡尔从哥廷根大学毕业后，我开始考虑他今后的出路。

我想，如果让卡尔继续钻研他目前所懂知识的某个领域，他很轻易就能出名。但经过慎重考虑，我还是断然放弃了这条道路。因为这样只能让卡尔成为一个很狭窄领域的学者。

为了使卡尔学到更多的知识，我决定让卡尔去学法学。有位数学教授得知此事后深感遗憾。他问我为什么做这样的决定。

我告诉这位数学教授："决定专业方向应该是 18 岁以后的事，在那之前应该学习所有的学问。等到 18 岁以后，如果卡尔喜欢数学的话，那就让他搞数学。"

这以后，卡尔又去了海德堡大学，专修法学。跟之前一样，卡尔在海德堡大学的成绩仍然十分优异，备受老师和同学们的喜爱。

5 健康而快乐的天才

有人曾问我，卡尔取得今天的成就都归功于我对他的早期教育，但这会使他的健康受到影响吗？

这个问题的确很重要，但我要说的是，从小到现在，卡尔一直非常健康。

在卡尔10岁的时候，诗人海涅曾考过卡尔，在他写给威兰的信中，他是这样写的：我为卡尔非凡的语言学才华而诧异，同时也为他的健康、活泼、天真以及快乐而惊讶。

也有人认为，卡尔能学到那么多的知识，一定是每天都坐在书桌前啃书本。但事实正好与此相反，卡尔坐在书桌前的时间非常少，甚至比一般的孩子还要少，因为他的大多数知识是从日常生活中学到的。不仅如此，他还有充足的时间运动和玩耍呢。

我非常欣赏德来登的一句诗：没有比品味真理更幸福的了，真理的幸福永远让人难忘。所以，从小就享受真理滋味的卡尔，比任何孩子都幸福。

自古以来，人们都相信"学者必痴"的说法，总会担心小时候用功读书长大后会变痴傻，但我要说的是，无论卡尔小时候还是长大后，他都不是那种只会学习的书呆子，相反，他很活泼，而且总能给别人带来快乐。

卡尔自幼就有文学天赋，他不仅从小就精通自古以来的文学作品，而且自己很早就写出了优秀的诗词和文章。

卡尔是具有完美人格的学者，我为他自豪，也为自己的教育成功骄傲。